Chan Heart, Chan Mind:
A Meditation on Serenity and Growth

# 禪心禪意

不是有、亦非無；
沒有界限，只有放鬆與覺知……

釋果峻法師◎著
沈麗文◎譯

# 目錄

## 三 禪心，禪意 129

## 四 入世 187

【推薦序1】

# 我的禪

繼程法師

我空性因緣生滅而現為有我
不論真我假我都無我
何期有禪無禪皆非禪
禪無相善巧施設故稱之曰禪

果峻法師出版我的禪
題對聯為序
戊戌四月十七 太平繼程并題

編按：繼程法師爲本書所題的詩序。（題序當時書名暫定《我的禪》，後定名爲《禪心禪意》）

【推薦序2】

# 一個夢

蔡明亮

某處，儘管很遠，你老是去，那是因爲跟此處有緣。

我老是去威尼斯，儘管那麼不喜歡搭飛機。

一九九四年，我的電影《愛情萬歲》入圍了威尼斯電影節競賽，這是極富盛名，也是世上最古老的電影節，我那時年輕，才拍了第二部電影就被選上，簡直像做夢一樣，很期待得獎，什麼獎都好，又覺得渺茫。

電影放映後，聽到掌聲，也聽到耳語，有人喜歡，有人不喜歡，很爭議啊，被安排了很多訪問，也四處遊玩，水都很美，稍稍撫慰著得失的忐忑。

影展閉幕前夜，我做了夢，觀世音菩薩對著我唱歌，就是平常看見的觀音模樣，歌聲與旋律美得讓我淚流不止；我醒來那一剎那，觀音一隻手輕撫我額頭，隨即飄遠，聽見有人喚我：「阿亮，你怎麼了？」我滿臉淚水，望著同房的小康說：「我們要得獎了。」

第二天，我上台領了金獅。

多年以後，我受邀擔任瑞士盧卡諾電影節的評委，一位義大利金髮女評審團經理，每天領著我們看片、開會、用餐，我現在記不起她名字了。

某晚，我們喝酒聊天，她說：「蔡，有一年在威尼斯電影節，我也在做同樣的工作，那時有九位評委爲了你的《愛情萬歲》起了劇烈爭執，有四位愛死你的電影，要給你大獎，另四位恨死了，甚至有人揚言，若你得獎，他就退出，兩方吵得不可開交。」我問：「不是有九個人嗎？」「哦，那位不知道在想什麼，不表意見，最後他們還是決定給你一個小獎，金獅銀獅是別人，你是一張獎狀，然後大家就去參加派對，影展主席熱烈抱著一位大導演，咬耳朵恭喜。」

這眞是天大的內幕，我瞠目結舌。

「大家喝了一堆酒，回去睡覺，一大早主席被電話吵醒了。」她繼續說：「我猜他還在酒醉呢，但他接起了電話，傳來年輕的美國女演員烏瑪・舒曼（Uma Thurman）的聲音，她也是評委之一。她問主席簽字沒有，主席回她那份獲獎名單還在辦公桌上，一會就要簽。『你先別簽。』烏瑪・舒曼說，『你讓我們再開一次會，我要翻案。』」

我喊了出來：「那個晚上，我做了一個夢……」

又過了好多年，法鼓山的桃園齋明別苑請我去分享創作，之後，我跟法鼓山有較多接觸。一天，助理轉告，有一位果峻法師的新書想請我寫序。我嚇一跳，這果峻是哪號高僧，何方神聖，怎會點名我？雖平時也愛看看有關佛學的書、念念經，始終霧裡雲裡、懵懵懂懂，要我爲佛書作序，別鬧了吧！又不好一口拒絕，就說先看了稿再說，沒想一看就被吸引了。

怎麼會有一個新加坡的出家人，跑到韓國的荒山古寺去苦修，日復一日，除了泡菜還是泡菜，高麗人又特別強悍，老和尚更是兇得要死，眞是阿彌陀佛，果峻竟然還搞笑地把修禪比成母雞孵蛋，就是老母雞時時刻刻坐在一堆蛋上面，何時孵出小雞？你問牠，牠問誰。那書名《愛，從呼吸開始吧！》，問佛陀生命長短，佛陀答：「一呼一吸間。」果峻說，如果沒有愛，呼吸做什麼？

讀著讀著，就愛上了這個性格獨特的修行人，讀了兩遍，斗膽寫了序。過了一陣子，收到新書，書裡有兩篇序，一篇我的，另外是一篇譯文，原來果峻法師在歐美國家都是用英語弘法，此書先出了英文版，現在翻成中文，連同那個序。我看著那名字有點眼熟：勞勃．舒曼（Robert Thurman），不就是著名的美國籍佛學大師嗎？一查才知，他還有一位出名的女兒，就是烏瑪．舒曼。

我想起當年的威尼斯影展，我在旅館大廳撞見烏瑪．舒曼，她就從我身邊經過，被一群媒體簇擁著；小康也遇見她，在電梯裡，她對著小康微笑；我也想起我做的那個夢，原來烏瑪．舒曼就是我的觀音，更妙的是，我跟她的父親勞勃．舒曼竟在果峻法師的一本書上相逢。

雖然替果峻法師的書作了序，卻沒見過他本人，只知他住持在新加坡，也是到處飛來飛去，而我卻漸漸不太飛了，身體長期積勞成病，搬到人少的山區住下來，而小康偏又舊疾復發，脖子忽然不聽使喚歪向一邊，如同二十年前那樣查無原因，我成天陪他看醫生，工作或邀約大多都推辭了，遠門也不出了。

朋友介紹認識了香港著名中醫莫伍球大夫，他獨特的針灸，令小康的脖子開始有了鬆緩。「筋脈之疾，急不得。」他說。莫大夫住香港，每年總會飛台北幾次，爲法鼓山的出家眾義診；我們相識之後，他跟夫人每回來台，變成要上兩個山：法鼓山、我家的新店山，醫小康，順便醫我，不肯收錢，莫夫人說：「我們上來喝咖啡的。」

二〇一六年，法鼓文理學院校慶，邀了我的舞台劇《玄奘》上山表演，小康演玄奘，但脖子還是歪的，莫大夫就在山上的診療室爲他針灸，鬆筋調氣後才讓他上場。傍晚開演，天空飄起了如絲的細雨，三四百位僧人與信眾，或坐或站，團團圍著一方巨大如荒漠的白紙上，那是《玄奘》的舞台，小康慢走其上，微微顫抖的頭部，努力地控制著身體的平衡，舉步維艱、一心一念，一隻鳥在半空盤旋，不停啁啾，天漸暗，鳥飛去，眾如如。最終，小康走出白紙，一步一步，穿過人群；一步一步，上台階，眾跟其後；一步一步，踏入水池，那是觀音殿前的大方池，眾圍四周，看他緩步涉水；一步一步，終來到燈火通明的殿前，跪向觀音，眾亦跪，那時我已淚流滿面。

有一天，莫大夫又來看我們，不經意聊到一個名字：「果峻法師到香港都會找我給他診治，你識他嗎？」果峻法師這法號怎麼這麼耳熟？「住在新加坡的那位果峻法師？」「就是他。」「我給他的書寫了序，但卻沒見過面。」「那好，下回他在台灣，我帶他找你。」

因爲莫大夫，我跟果峻法師終於見面，如見故人，彷彿是《愛，從呼吸開始吧！》書中，走出來那位古怪又調皮的苦行僧：愛自討苦吃，吃苦如吃補，有點傻，又像在裝傻，頭好壯壯又目光如炬，哪裡像是要看醫生的人？卻又將佛法講得那麼簡單易懂，又妙趣橫生。我把威尼斯做的夢告訴他，他笑了，說原來觀音菩薩也會化身成電影明星，又感慨地說，佛教一路來，是不是太嚴肅了？如果我們有一位佛教徒，像美國流行歌手艾爾頓・強（Elton John）那樣該有多好，又或者像你，是世界有名的導演。「你可以回答我一個問題嗎？」果峻法師問，「佛陀的故事，可以演成百老匯的《獅子王》嗎？」

今年，我的作品《你的臉》入選了威尼斯電影節，同時果峻法師又託人寄來了一本書稿，我帶著那本厚厚的《禪心禪意》上飛機，當然，還帶了《金剛經》。可能是年齡和身體的關係，我越來越害怕搭飛機，更不要說是長途飛行，總覺得整個人被掛在空中，動彈不得，只有不停讀佛經，才覺得心安。在曼谷轉機的時候，我的後座來了兩位頗有年紀的泰國僧人，我向他們請安，覺得他們好像我此趟飛行的護法，也是果峻這本書的護法，頓時整顆心就安靜下來。

我翻開了《禪心禪意》，看到年輕的果峻，從幫他的剃度師父松年長老磨墨開始，我又被深深地吸引進去。

飛機平平穩穩地，飛向了威尼斯。

二〇一八年九月十四日於新店

# 一 磨墨

切忌從他覓，迢迢與我疏。

我今獨自往，處處得逢渠。

渠今正是我，我今不是渠。

應須恁麼會，方得契如如。

——洞山良价（八〇七年～八六九年）

# 1 磨墨

我的剃度師父松年長老以書畫聞名，在新加坡被視爲國寶。

有人說，人如其字。人們認爲松年長老的書法沒有火氣，筆觸清洌流暢，這對於當年還是個年輕沙彌的我來說，實在難以理解，因爲他經常不留情面地羞辱責備我。我只能揣測，也許啊，透過藝術這扇窗，可以窺見他內在不爲我知的一面吧。

松年長老出生於中國大陸的書香門第，一九四九年共產黨取得政權後，

# 1 磨墨

被迫離鄉背井，流亡台灣、香港和馬來西亞，最終落腳新加坡。

我住進他那間不算大的寺院「菩提閣」時，才二十一歲，而他已八十好幾，病痛纏身。當時寺內的出家眾只有另外四位比丘尼，她們暗自竊喜，因爲我年紀最輕，而且剛住進來，理應擔任老和尚的侍者，當他發脾氣時的出氣筒。

菩提閣到處擺放著藝術珍品和古董，由於寺裡財務很緊，我猜想師父是以他的字畫換得這些珍貴文物。寺裡有許多清奇秀麗的盆栽，像是文人的書房，最明顯的莫過於他客堂內的大木桌，他就在那兒練字畫。

有一天，師父發現我在看他寫書法。

「你想學嗎？」他問我，口氣有點詭異。每當他用這種口氣說話，準沒好事，但我的確想學書法，特別是隨這樣一位大師學習。

「師父，謝謝您！」我迫不及待地回答，並躬身行禮。「師父」是敬稱，我在跟他講話之前，都必須先稱呼「師父」。

師父板著臉，手一揮要我退下。隔天，他書房門沒關，我正想從門口溜過去就被他叫住；他沒說話，只是盯著我看。他一雙濃眉，尾端向下捲曲，幾乎碰到眼角，看起來像凶猛的老貓頭鷹。

我畢恭畢敬地走進去，他不耐煩的勾著手指示意我站到身邊。

「磨墨！」他說，同時在一方直徑約六吋的黑色圓硯台中注水。我拿起墨條。

墨條，古有松煙墨和油煙墨。松煙墨是先燃枝以取得煙，再調和膠並加入配料，包括麝香、冰片等藥草香料，以及金箔和珍珠粉等，以增加光澤和香氣；歷經數十年，書畫中依然能透出這墨色。墨條的品質，端看質地是否細緻、有無雜質。

師父握住我的手，用墨條在硯台中心畫圈開始磨墨。這舉動親切得讓我驚訝。

他做完示範，就叫我離開了。你可能會以爲磨墨很容易、也很快，但眞的沒這麼簡單，你得不停地磨磨磨，太用力，手掌和手臂最後會累得磨不下去；太輕了，又磨不出好墨色。

終於，我認爲我磨出的墨既不過濃、也不算淡。我敲敲師父房門，呈給他看。

「笨蛋！」他說，「爲什麼磨這麼大一片？你以爲水很便宜嗎？我得付水費耶！」顯然我磨的圓圈太大，都磨到硯台邊緣了，所以水份很快蒸發。

「磨在一點上！」他抓著我的手，做給我看：集中在硯台中心一個小圓點上磨墨。

「放輕鬆！」他不斷提醒我，一面引導我緊張僵硬的手，「順勢而爲就好。」磨著磨著，最後我終於感受到他的內勁：他的節奏、動作和力道。傳承油然而生。從那之後，磨墨就變得很順了。

一開始，我期待很快就能開始學寫毛筆字，或至少練習筆觸，爲寫字做準備。誰知道，過了幾個星期，我還在磨墨。

我越來越不滿，這位老人家沒聽過墨汁嗎？新加坡到處都能買到。他根本活在另一個世紀，恐龍級的人物！我不停地磨不停地磨不停地磨，集中於一小圈慢慢地磨，手都染黑了。我從手指、手腕一直痛到手臂！

如果墨磨得太濃，他就開罵：「傻瓜！去把它調淡一點，但別再加水。」

怎樣把墨調淡卻不加水？多年後我才了解，原來是加入淡墨。當時還是年輕沙彌的我，可是丈二金剛摸不著頭腦啊。

除了磨墨之外，我還得練就絕技來清洗並晾乾師父的毛筆，以及裁切他書畫所用的宣紙。裁紙那才叫悲慘！每道邊都必須裁得筆直，不能有一點缺角。我學會乾淨俐落地摺紙，然後用刀從摺縫處裁開，動作必須平穩流暢，不然邊上就會破損。

「宣紙怎麼變『猴紙』啦？」我裁的紙只要有一絲不完美，他就會這樣問。「你根本還是個猴子，去剃毛吧。」

他是在含蓄地奚落我：宣紙被我裁出的毛邊就像猴子身上的毛！他就是有辦法這樣妙語如珠地挖苦人。

我也學會把紙疊起來捲好。只要我在紙上弄出一道皺摺，他就會訓我：「紙在我這兒的時候，都很年輕；到你手上，它們就老囉！」他都這樣語帶雙關。

擺放他的文具，位置必須精確。稍微放遠一吋他就會大吼：「你想拉傷我韌帶啊！你眞會折騰老人家！」

而如果我把紙放得太靠近，他又會損我：「地獄種子！你爲什麼把它放得這麼近！你覺得我老得沒辦法伸手了嗎？」

通常在完成一幅字畫後，他會像小孩子一樣開心，覺得很滿意。

「這誰寫的啊？」他笑著問我。

「是師父。」

「眞的嗎？是我寫的？」

「師父，我想是的。」

「哇！寫得好！眞是我寫的？我怎麼不知道？」

我實在不曉得該說什麼好。

現在我才了解那是一種教導，師父在指點我某些事，雖然當時我毫無頭緒。

在我離開菩提閣前往台灣讀佛學院的一星期後，師父圓寂了。我還是一個毛筆字都沒寫到。離開前，我所做的依然是磨墨、摺紙、裁紙、清洗毛筆、再將它晾乾或拭乾。師父一定有察覺到我的沮喪，他最後給予我有關書法的教導是：「最重要的，是寫而不寫、不寫而寫。」

在那之後，過了整整十五年我才重拾毛筆。在這十五年間，我投入禪修，同時深入經藏，曾輾轉居住在台灣、韓國、澳洲和美國，一直到三十過半，我回到新加坡重建師父的寺院，並接續他的工作。

現在，我跟隨師父的朋友學書法，他是一位老書法家，對學生也很嚴格，不過因爲我是寺院住持，他待我很客氣。我很認眞練字，我想我有進步。

我經常想起早年的日子以及師父的教導，當時我沒能全然領會，但它們一直在我心中。我逐漸領悟，師父那是禪師的作風，藉著磨墨在指點我。

我仍然用墨條磨墨，那種放鬆、穩定、在硯台中央畫圈的動作，能使我們散亂的覺察重新集中於一點。我們的心思經常飄浮不定，念頭都是零零碎碎的浮光掠影；就像我曾不小心把墨濺到硯台外面，我們做事往往很粗心，不能集中注意力。

我年輕時曾爲了磨墨而感到沮喪、憤憤不平，現在正好相反，反而很享受這過程所帶來的專注。在這一切都講求快速的時代，磨墨著重的是耐心。我們習慣期待速成、簡單、舒適，而磨墨要付出努力，不可能一蹴而成，得放慢一些。

我仍然用墨條磨墨，那種放鬆、穩定、在硯台中央畫圈的動作，能使我們散亂的覺察重新集中於一點。(照片提供 / 岳貢)

像師父一樣，我感受著宣紙的紋路，以毛筆輕輕蘸墨，再將筆尖理順。宣紙非常纖細，如果毛筆含的水份太多，墨會在紙上暈開；如果下筆太用力，紙會破損甚至磨穿。

師父先在水中潤筆，然後輕輕拭乾，在旁邊專門準備的一張小紙片上來回輕輕揮動，調理筆鋒。接著他將毛筆舉到眼前，感受一下筆毫，再將它浸入墨中迴旋，掂量蘸墨的效果。然後他擺好弓箭步，一腳向前，膝蓋微曲，平穩地站著，蓄勢待發。事實上，多才多藝的師父也是武術高手呢，他個子很高，肩寬胸厚，即使到了老年依然很結實。

師父在動筆前總是稍做停頓，這停頓十分有力，他調整呼吸，我可以感受到他放空自己，然後揮筆一氣呵成。

年輕沙彌如我，好希望能有這樣的功力和涵養。

現在，當我磨墨、裁紙、清洗和晾乾毛筆，我明白了爲何師父那麼堅持將這些看起來沒什麼大不了的細節做到精確，如果我們連小事都做不好，還談什麼成就大事？他在爲我打基礎，以承擔弘揚佛法的責任，接續他的傳承。

## 1 磨墨

師父不僅教我寫書法，更教給我書法的精髓。字體可以臨摹，而精髓需要有人指點，這正是他所傳授的。它有如筆鋒的細微精確，如裁紙般的流暢，如同在硯台集中一點磨墨的單純和專注；靈感如虛空般遼闊，揮灑於紙端。

每當我寫書法，都很感恩身體能維持弓箭步的站姿。我承繼了筆墨的竹林松枝，以及使樹林得以生長的溫暖陽光，我融於紙、化爲墨，融入重重無盡的宇宙，剎那剎那無盡展開，生生不息。

「誰做的？」

我想知道。

是我嗎？

眞的？

# 2 不是「沒有」，是「非」

所有一切事物都有賴其他事物才得以存在，沒有任何事物能夠單憑自己就可以產生。

佛法常提到「無我」，不管中文或英文都很難清楚詮釋它的意涵。它的意思是，我們通常以爲的「我」其實並不存在，如同水仙花，是由陽光、空氣、水，以及得自泥土的養份，還有蜜蜂傳播花粉等等所組成。同樣的，我們也是由我們呼吸的空氣、吃進去的食物、飲用的水，以及祖先們代代相傳，才有我們存在。

那麼，既然水仙花是由「非水仙花」（水仙花以外的種種元素）所構成，它就不是水仙花了嗎？當然不是！我們的情形也是如此。

中文裡面，「無我」的「無」不是「沒有」，它不是在界定，而是打破界限；它是不定的，而非固定、具體不變。「無」意味著流動、活動，甚至意味著希望。

「無我」絕非「虛無」，它的意思只是說，這個「我」和我們習慣性認知的不同而已。

以禪而言，「空」不是「不存在」，而「不存在」也不代表什麼都沒有；或許我們可以用「非有」來代替。至於「無我」這個詞，或許用「非

我們會覺得被卡住，是因爲我們自我設限，我們沒有眞正敞開心胸，和周遭的世界密切相連。（照片提供／林志鴻）

我」來表達會好一點。不是「沒有」，而是「非」。

「非我」是什麼意思呢？是無限。在一呼一吸間，松年老人運筆一揮而就。剎那生，剎那滅。什麼也不抓取，自由自在，順乎自然，猶如行雲流水，白雲在長空飛揚，春日溪水歡流而下，暢快無礙，作用萬千，自由而不失連結，如同雲和天、河與地。

當我們了解「非我」的意義，就不會對它產生畏懼或覺得好像沒有希望；反倒是，一旦明白這道理，並且在生活中實踐，就能感受到無窮的潛力與可能性，將不再被桎梏於我們覺得牢不可破的想像中的自己。

萬物變遷，包括我們每一個人。我們會覺得被卡住，是因爲我們自我設限，我們沒有眞正敞開心胸，和周遭的世界密切相連。

不是「沒有」，是「非」。

# 3 執取

青少年時期，我們全班曾從新加坡搭乘巴士前往馬來西亞北部山區的鄉村，郊遊旅行長達一星期。你可以想像我們有多興奮，跟同學一起去冒險耶！我們男生尤其吵鬧，爭相壓過別人來贏得女生的注意。我不僅頑皮，膽子又大，是帶頭搗亂闖禍的人之一。晚上到了就寢時刻，燈一關上我們就溜出房間，趁老師不注意時偷跑出去，舍監常追出來警告我們要去告狀。

旅途接近尾聲時，我們搭乘長途巴士到高山上的叢林區，看當地馬來人捕猴。那裡有成群高聲尖叫的猴子在樹上盪來盪去，我們看到獵人們在椰子上鑽洞，大小剛好夠猴子將前爪伸進去；他們將裡面的椰肉挖鬆，香甜四溢，然後放在地上，自己再躲起來。

沒多久，猴子跑過來，拿起椰子從殼上的小洞伸手進去掏果肉，這時獵人忽然跳出來，猴子們尖叫著想逃回樹上，但牠們手上都抓了一大把果肉，所以爪子卡在椰子裡面，根本沒辦法爬樹。獵人追上前用網子把牠們捉住，然後扔進籠子裡。牠們當中，有些將淪爲餐桌上的食物——猴腦在馬來西亞被視爲佳餚，有些則會被訓練來採集椰子，其他的將被送到動物園。

看到那些猴子四處逃竄，手卡在椰子裡，無法躲回樹叢，我們那些男生都覺得太好笑了，怎麼那麼笨，爲什麼不放下手裡的椰肉爬回樹上，不就沒事了嗎？

我們極盡嘲笑之能事來嘲弄那些猴子，以引起女生注意，我就是帶頭起鬨的人之一。那時我已開始學佛，因此心中也質疑自己爲何取笑那些猴子，是什麼讓我這樣做呢？我想獲得同伴的注意，就這樣還覺得自己比猴子高明？

在笑鬧的外表下，我其實很同情那些猴子，也覺得鼓動朋友們起鬨很丟臉。那些猴子在獵人的羅網追捕下嚇得放聲尖叫，而我們這些男生竟然只會捧腹大笑。

我一直忘不了這事。當我更深入佛法，不由得想到，我們和那些猴子多像啊！爲什麼我們就不能放下呢？我們被自己的執取和渴望所困住，爲什麼我們如此貪心？

## 3 執取

松年師父當時責備我浪費水，並不是因爲小氣，而是我們應該只用剛好需要的量，即使多消耗的不過是一點點水。我學會以恰到好處的力量磨墨，不多也不少，適量就好，而我們卻總是想要更多、更多、再更多！

想要獲得自由，猴子必須放鬆，停止抓取。我們何嘗不是如此。當你看到「椰子」時，也要放鬆，不要受影響，不要因此分心，且讓它去。提醒自己別像那些猴子，要學習放鬆，無論發生什麼事都要放鬆，不要執取。放手吧。

# 4「什麼是無？」

「話頭」這個法門，和日本禪的「公案」相似，卻不盡相同，在漢傳佛法中有久遠的淵源。「話」的意思是一句話，「頭」是「源頭」。這句話通常是問句的形式，像個無解的謎。

話頭可使人產生巨大的疑問，禪修稱之爲「疑情」。

話頭看似毫無意義、荒謬、不合邏輯，重點不在破解，而在於透過它來探索。每次心中生起這句話，都會帶你再更深入一些，回到心念開始活動的源頭。

這個修行方法源於十一世紀的宋代，雖然一開始是中國特有的法門，但它的精神原本就一直存在佛教中，例如生病和死亡，就是推動佛陀離開他備受呵護的生活的話頭。「什麼是苦的根源？」，他不斷回到這句話頭，直到最後證悟。這到今天仍然是個好問題，或許是最好的問題！

你能回答嗎？

有時問題發自內心深處，深刻而強烈，那就是你最眞實的問題。哪裡可以找到答案？藉著那句問話，你鍥而不捨地追尋，找出它的蹤跡。你反覆不斷地問，更深入地挖掘往內看自己。

禪修傳統中有好幾個不同的話頭可以使用，而在聖嚴師父所創立的法鼓宗，我們用「什麼是無？」作爲話頭。它已傳承了幾十個世代，被證明極爲有力。

這個問題源自唐朝的趙州禪師（西元七七八年至八九七年），他的一個弟子養了一隻狗幫忙看顧寺院，有一天，他讀到《大般涅槃經》中說一切眾生皆有佛性，不由得望著他的狗出神：「我的狗有佛性哦！」後來在奉茶給師父時，他提起在經典上看到所有眾生都有佛性，「那麼，也就是說我的狗具有佛性囉？」

「無！」趙州回答。

我們在前面提過，「無」的意思是「非」——是否定，而非界定。那個弟子很詫異：「爲什麼呢？」，經典上明明就說一切眾生都有佛性，狗也是眾生，那當然應該也有佛性啊，爲什麼師父否定這個說法？他完全弄迷糊了，這問題一直在心中打轉，怎麼轉都轉不出來。

千年之後，我們依然問這問題：什麼是無？反覆地問。不是問自己，因爲我們沒有答案，就只是不斷地問，充滿好奇地問，什麼是無？什麼是無？什麼是無？

信不信由你，「無」是有答案的。如果你找到「無」的答案，你就醒悟了。不過，答案不是由你產生，它不是來自思考或知識，我們無法推敲得知，它超出我們經驗之外。

不斷地問，反覆地問，持續追尋，想要探索。什麼是無？

開悟，不過是見到我們原來的本質，見到眞實的情況，見到眞相。你到了那兒，你明白了。無！

你明白了生命是怎麼一回事，明白了爲何世界存在，爲什麼有苦，你爲何出生，爲什麼生在這個家庭而不是那個，爲什麼生在這個國家而不是另一個。你終於明白爲何自己在這裡。

開悟，不過是見到我們原來的本質，見到眞實的情況，見到眞相。你到了那兒，你明白了。無！（照片提供／岳貢）

在生命的某個時刻，我們大多數人都會被這些奧妙的問題所吸引，但接著就開始忙於付房貸、帶小孩、展開職業生涯，並且追逐……什麼？成功？名氣？

我們認命地隨波逐流，接受命運安排。大家都出生，所以我也出生；大家都上學，所以我也上學；大家都畢業，我也不例外；每個人都在尋找伴侶，我也要一個……等等，直到我們退休，環遊世界，衰老，然後等著什麼？死亡？我們忘了問「什麼是無？」。

每一天，我們醒來，上班，下班，回家，吃晚餐，看電視，睡覺，打電話聊天，看電影。到了週末，我們睡到自然醒，約會，參加派對，散步，上館子。日復一日，月復一月，年復一年。

# 4「什麼是無？」

爲什麼？爲什麼我們這麼做？到底是怎麼一回事？我們是誰？

「噢，」你可能會回答，「我是律師，父親，公司主管，百萬富翁，禪師，作家，兒子，女兒，叔父，太空人，運動選手，老師，耆那教徒，猶太教徒，佛教徒！」

如果把這些都拿掉，你又是誰？除了這些之外，什麼是你眞實的自我？你曾經好奇自己到底是什麼人嗎？你想不想弄清楚？

無！

什麼是無？

# 5 身體只是身體

我們有這個身體，而我們以爲身體就是「我」。當我們覺得癢的時候，我們會說「我好癢」，如果感到痛，我們通常會覺得苦不堪言，心裡想：「我好苦啊，我好痛！」

如果深入觀察，就會發現不是「我」在痛，是我們的身體在痛。

一隻蚊子叮了你一下，你會說「蚊子叮我！」。其實，蚊子沒有叮你，蚊子叮的是你的鼻子或身體其他部位。

所有事物都會變化，包括你的身體狀況，要有耐心，放鬆，給它點時間。（照片提供／林志鴻）

轉移你的覺察，把對身體的認同和自我分開，就會對身體少一點執著。這樣，不管身體有什麼狀況，對你的影響都不會那麼大，你就不會對著鏡子爲了多一根白髮或多一道皺紋而尖叫了；身體會老化，但不是**你**變老。你也不會因爲一點點疼痛就唉聲嘆氣，是你的身體感到不適，**你**卻不需要覺得不舒服。所有事物都會變化，包括你的身體狀況，要有耐心，放鬆，給它點時間。

身體只是身體，對它過度認同會形成自我設限，阻礙成長，被禁錮在自我當中無法自拔。它會將我們和其他萬物分開，使我們自私膽小，而無法有眞正的親密與連結。

# 6 相爭

我們從小就學到要去爭。父母灌輸我們觀念，要我們每天都好好表現，以準備面對未來無可避免的競爭。

在學校，我們跟同學爭第一名，以贏得老師的嘉獎。在運動場上，爭誰跑得最快、投進最多球、將球擊得最遠。我們和情敵競爭，以贏得佳人芳心；畢業後進入職場，我們又跟同事爭奪升職機會，爭取最高薪、最好的辦公室，爭獎勵和表揚。等年紀漸長，我們和歲月爭、和疾病爭、和死亡爭，沒完沒了！

而你的內涵，無須和他人比較，這是我們每個人的天賦。（照片提供／李天民）

想要成長，我們就必須停止相爭——不再和他人爭、和自己爭、和時間爭，不再去爭生活應該如何如何，不去爭有沒有成就感，也不去爭追求這個經驗或那個經驗——一切無爭！我們必須看到我們好爭的特性，承認它，然後將它放下。

松年師父不是在創作藝術，他是活出藝術，從內在底蘊自然展現。其他人在做什麼影響不了他，他不會去想應該這樣做還是那樣做、要這樣畫還是那樣畫，一切輕輕鬆鬆、自自然然，其中沒有「我」相對於「他們」，不需要強求、勉強或用力。松年師父的力道平穩流暢，功底臻於化境，他所做的不過是將內涵呈現出來而已。

而你的內涵，無須和他人比較，這是我們每個人的天賦。

# 7 我呼吸，故我在

書法，要慢慢地寫，呼吸也會跟著放緩。松年師父會先做個深呼吸，然後下筆；寫完，他整個人都放鬆了，呼吸深勻綿長。

我們的呼吸會表現出我們是什麼樣的人。當我們改變呼吸方式，也就改變了我們的人生。

吐納，是氣功的法門。「吐」有呼出、排出、卸下、減去、消除、釋放和排除之意。「納」則有吸入、接受、領納、吸收、恢復以及補充的意思。

禪採納了這些養生功法來調整身體和呼吸，並進一步發展爲修心的方式；而且不僅適用於個人，也關係到我們如何與他人以及世界連結。

如果我們跟人吵架，體內的氣息就會混濁，因爲沒有完全排出體外，呼吸是緊繃的，這就是我們緊抓著不放以致於傷害到自己的情形。我們怎麼放下呢？要放鬆呼吸，卸下情緒和心理上的負擔，吐氣，把它吐出去，完全吐出去。

我們害怕深長地呼吸，而「納」的意思是敞開、接納。我們害怕改變，也就關上了學習的大門。當我們呼吸深長緩慢，我們的理解自然會加深，心胸也會更開闊。

在緊張焦慮的狀況下，我們的呼吸會很淺，侷限在胸口，吸氣短促，草率又粗淺。我們一旦失去耐心，呼吸就會變得急促。

而在放鬆的情況下，我們的呼吸深長，空氣自然而然充滿肺部。這很自然、也很眞切。

當我們改變呼吸方式，也就改變了我們的人生。

（照片提供／李天民）

當我們看到大自然的美景，我們的一呼一吸皆充滿驚奇，油然興嘆。

當我們沉思，準備做出重大決定或著手要務之前，我們長吁一口氣，然後拍板定案。

和朋友討論要事，我們呼吸深緩。

當我們處之泰然，我們從容呼吸。

當我們短視近利，我們的呼吸淺薄。

當我們有深刻體會，呼吸也悠長深厚。

呼吸呈現出我們的內在狀態，我們的性格反映在我們呼吸上頭。

每一口每一口呼吸都不一樣。吸進一口新的空氣，讓新鮮空氣充滿肺部；呼出的氣息且讓它去，將自己清空，排出，釋放。

放鬆呼吸，自己也就跟著放鬆了，這就是我們學習與成長的方式。每一口呼吸都是美好的，每一口呼吸都是一個確信。好好品嚐每一口呼吸，深深地、長長地、慢慢地呼吸。

# 8 無為而為，無門之門

松年師父第一次教我磨墨，也是在爲我拿筆打基礎。手持墨條磨墨，跟拿毛筆寫字一樣，墨柄和筆管都是朝下呈一個角度，只有墨端和筆尖接觸硯台或宣紙。

松年師父執筆的樣子很瀟灑。他手握虛拳，手腕放鬆自然下垂，修長的手指輕執筆管，動作儒雅飄逸，體現出中國藝術和文化！

我學師父握虛拳以執筆。拳心中空代表不執而執，禪稱之爲「無爲而爲」、「無門之門」。我執筆輕柔但穩定，有如穩穩地捧著一顆雞蛋。「握住」和「抓緊」不同。抓緊，是緊張而強勢的；握住，是富有彈性、能夠流動、可適應的。毛筆筆尖能夠三百六十度旋轉，如同禪畫的圓相（enso），無始亦無終。無門之門，我們由此入禪，沒有一個固定的切入點，沒有固定的門。

松年師父可能從紙上任何一點開始作畫，他已精通無爲而爲，這流暢感來自於他執筆的方式。

據說，當有老虎接近，整個山林都會瞬間沉靜，有種風雨欲來的緊張感，但有可能完全不會看到老虎。當年，身爲年輕沙彌的我，在師父開始寫字或作畫前停頓的那一刻，可以感受到類似的氛圍，同樣的沉靜，同樣有力，蓄勢待發的存在感。以禪而言，這就是空性。

當我埋頭工作時，師父總是用他銳利的眼光盯著我。如果我經過他面前，第一次他會只是瞪著我，第二次再經過，他就會吼我：「懶貓！」（誰叫我在虎年出生），「怎麼這麼會偷懶？你這沒用的笨蛋！去把我廁所地板刷乾淨！」他似乎特別喜歡在我忙碌的時候叫我停下來去服侍他，有時候我眞懷疑他明知我有很多事情要忙，卻故意挑在那時候寫書法，「把書桌擺好，東西放整齊！」他下達命令。我只好停下手邊工作去磨墨，並且準備紙筆。

他的文房四寶擺設可謂百變，沒有固定方式。有時候毛筆要擱左邊，隔天卻換到右邊，有時候要放在紙下，有時候又放紙上，沒有固定明確的模式。這是無法之法，無爲而爲，無門之門。

做徒弟之初，我會將毛筆放回他上次寫字擺放的位置，卻總是被斥責，叫我重放。

幾次被罵之後，我以爲可以將他一軍，「師父，毛筆放左邊還是右邊？」我先下手爲強，在他叫我擺文具時先問他。

「你看呢？」他回答。我只好瞎猜放左邊，當然，他不滿意。

「笨貓！」他說。但也沒說該怎麼做。

下一次，我又問他，左邊還是右邊？

「左邊。」他回答。

我眞不敢相信這次走運了，趕快把文具拿到左側擺好。

柔和，就能給別人空間，因爲不會去強求，不會勉強別人。
（照片提供／黃仲庭）

結果我又被罵了，「放錯邊啦！」他指責我：「你的左邊不是我的左邊！」

再下次，我問：「師父，你的左邊還是我的左邊？」「你想是哪個『左邊』呢？」他盯著我看。我只好隨便猜，結果當然又是挨罵。

隔天，我再度問他，這次他什麼都沒說，只是瞪著我。

我又問一次，他說：「沒有左邊！」然後就不理我了。

眞讓人抓狂啊！這根本是個陷阱，我是不可能贏的！

而現在，我對我的學生其實也用同一套方法，來指出現象界的相對性。我的左邊不是你的左邊。如果我叫你指出這房間的左側，你會指向你的左側還是我的？哪裡是左邊？我坐在你對面，所以你的左邊是我的右邊，我的左邊是你的右邊。奠基於主、客二元觀點的事物，永遠是相對的。松年師父以他自己的方式，傳授我這佛法的根本道理。

學會握虛拳，需要點時間。掌心中空部分必須柔和，不能用力。柔和，就能給別人空間，因爲不會去強求，不會勉強別人。它讓你可以做自己，也讓我可以有我的樣子。如果沒有足夠的空間，就會起磨擦。

「握住」和「抓緊」大不同。想要找門，就「沒門兒」。它無所不在，卻也不在任何一處。任何一點都可以進入。

當我想念松年師父時，我會把書桌擺好，擱上毛筆，開始磨墨。我放慢速度，手握虛拳執筆，不緊抓著也不去控制，像捧著雞蛋。我一腳向前，站好姿勢，停頓片刻。然後深呼吸，下筆。

# 二 步道

大道無門，千差有路；

透得此關，乾坤獨步。

——無門慧開（一一八三年～一二六〇年）

# 9 「是什麼？」

一九九九年我二十來歲時，在韓國進行過一次特別的閉關修行——在一百天內做三十萬次拜佛。我的健康狀況不好，但還是堅持下去，我決心好好修行。

我在不同寺院掛單，將停留時間從一星期延伸到一個月。後來我來到白羊寺（Bae Yang Sa），我很想拜見寺裡一位老和尚，他總是問來者：「Yimoko？」，意思是「是什麼？」或「這是什麼？」。Yimoko是他的話頭。

# 9 「是什麼？」

白羊寺位於韓國西南偏遠地區，我搭乘火車前往，再轉乘巴士，然後步行，途中經過安靜的小路，沿著溪流，穿過美麗的森林。那是秋天，氣候已轉涼。

當我終於抵達寺院，我先到寺務處，放下背包，向知客師頂禮，告訴他我從哪裡來，以及來此的目的。他領我到一間七平方呎大的空房間，給我一席薄墊、一個小枕頭和一條毯子。

那天午後，我被帶去見老和尚。以他對我在生活和修行上的深刻影響，我現在竟然忘記他的名字，實在很慚愧。

房裡只有一張椅子，老和尚一襲韓式灰色僧袍，高踞法座，侍者坐在他旁邊的地上，我則跪坐在褐色的長形大蒲團上。

或許是因爲這間寺院叫白羊寺，在我年輕的眼中，他看起來就像山間的老山羊，雖然頭和臉都剃得很乾淨，我還是彷彿瞧見一撮白色的山羊鬚和蜷曲在耳邊的羊角。他讓我感到無比沉穩安定，我想像著一隻白羊在高聳的灰色峭壁間，輕鬆地踏著穩健的步伐，跨越險峻的山岩。他注視著我，眼睛一眨也不眨。

老和尙詢問我的修行經驗，於是我告訴他我在呼吸和話頭上的體驗——我曾融入呼吸，忘卻了身體和時空，我成爲呼吸，感受到敞開、遼闊。

至於參話頭，我迫切地想**明白**。我用的話頭是「父母未生前的本來面目？」，我有這個疑問已經很久了。我從哪裡來？我爲什麼是我，而不是別人？我會投入這問題到忘我，到只剩下這個問題，它變成一個聲音，在山間

我曾融入呼吸，忘卻了身體和時空，我成爲呼吸，感受到敞開、遼闊。（照片提供／邱怡華）

回響，迴盪於浩瀚的宇宙。

我說，我感到迷惘，像個迷途的孩子，我像孤兒般渴望見到失去的父母，我想回家。我追問話頭，好奇想知道我到底是什麼樣子？什麼是我的本來面目？鏡子無法呈現給我看，鏡中的面容不是我想找到的那個面目。

我用手碰觸到的這張臉是個

冒牌貨，是別人的臉孔，我甚至不知道那是否屬於我，那是一個叫做果峻的人的臉，但那就是我嗎？那張面孔毫無意義，只是個黯淡失色的複製品，我想見到自己的本來面目。我像個迷失的孤兒，我很想知道，這個想知道帶我來到這裡。

老和尚非常平靜，只是安靜地聽著。我們以韓語交談，當我聽不懂他的話、或他不懂我所說的，我就用中文寫下我的想法，由侍者翻譯成韓文念給白羊聽。

等我全部說完，他說：「好！繼續你的修行。」然後邀我一起喝茶。他旁邊的地上有塊厚木板，侍者在那上面用炒過的米粒沖泡綠茶，滿室茶香。我雙手捧杯，熱氣撲面，我聞著那香氣，感覺很溫暖。

# 9 「是什麼？」

喝完茶，白羊告訴我，在我看到、聽到、嘗到或碰觸到的每一件事物上，問：「是什麼？」他要我超越形式、超越表相，「這一切，是什麼？」他問道。房裡很長時間一片寂靜。我非常感動，體驗到一種敞開的感覺，於是向他頂禮，老和尚露出笑容。這是他第二次微笑，第一次是在我告訴他我的修行經驗的時候。他微笑著，慢慢點頭，像一隻老山羊靜靜地嚼著青草。我喝完茶，告辭離去，一開門，我看到天空，高遠遼闊。

日暮時分，我去做晚課，平常只要有時間我都會參加，晚課內容有許多我不熟悉的經文，但是《心經》那部分我可以跟著唱誦。那一夜，經文提到的「色即是空，空即是色」，於我心有戚戚焉。

離開白羊寺，我走了好長一段路，穿過山間，穿越遼闊的森林，一遍又一遍反覆問自己，「是什麼？」、「是什麼？」。

老和尚的眼神伴隨著我。

氣定。

神閒。

# 10 快樂 vs. 欲樂

快樂和欲樂在本質上大不相同，卻常被混爲一談。欲樂只是一時的，無法持久，它不能使我們感到心滿意足，它缺乏實質的內涵或滋養成分。

享用美食可以帶給你欲樂。如果你很餓，這個享用的經驗似乎很快樂，但你沒辦法一直不停地吃。如果你吃飽以後我還是強迫餵你食物，你會有什麼感覺？

欲樂很短暫，它的程度有個上限，勢必會有飽和點。我在新加坡服兵役時，曾幫有藥癮的人做過諮商，他們形容嗑藥有種強烈的快感，但轉瞬即逝，快感過後，只覺得空虛絕望。

我們所有的欲望、所有那些帶給我們欲樂的事物，都是如此。當你覺得癢，就去抓癢，但是抓癢並不能去除「癢」，它只是被另一種感覺取代；我們總是想找快又容易的解決之道。欲樂不能讓我們完全滿足，但我們卻總是追逐它，爲什麼？

或許是出於我們潛在的恐懼吧，這些情形，只是從我們對於根本存在的不安中轉移注意。我們下意識地覺得缺少某些東西，很少會感到一切圓滿、完整，而我們渴望圓滿，我們害怕自己的藐小和死亡。

對我們來說，要承認這一點非常困難，所以我們發展出防衛機制：再

如果我們培養喜悅，而不是一味追求欲樂，就會感到更大的滿足。(照片提供／邱怡華)

吃一點洋芋片，再來一塊巧克力，再喝一杯酒，再抽一口煙……。我們把自己這部分掩藏起來，深深埋在心底，然後去追逐那些並不能眞正滿足我們的事物。

去正視我們內心深處的恐懼、不安和不滿足，可能會是個痛苦的過程，我們會不想面對。可是如果我們想成長，這是必須邁出的一步。

如果我們培養喜悅，而不是一味追求欲樂，就會感到更大的滿足。欲樂只是生理的刺激，而喜悅多為內心的豐盈；欲樂和自我以及自我本位的感覺有關，喜悅則來自滿懷感恩。

我一直很好奇，為什麼我們明知欲樂只是一時的，卻對它如此熱衷？為什麼我們會追求物質財富、想要保有它們，而明明它們帶來的滿足感是如此短暫？

即使在很年輕的時候，我已了解到快樂必定來自其他地方——這把我帶往出家這條路、帶我走向禪，這也是為什麼我不斷地問「什麼是我的本來面目？」、「我是誰？」、「是什麼？」。我不斷地探索、追問，一再回到這些問題。我想要比一時欲樂更持久穩定的東西，我想找到真正的快樂！

# 11 第一個考驗

自古以來的傳統，禪師會考驗弟子。所考驗的，不是弟子的聰明才智或學問，他們看穿你的心意識，洞悉你直接親身體驗的程度。

我的禪宗法脈師承聖嚴師父，他也是如此。他在亞洲有舉足輕重的地位，在學術和禪修上皆享有盛名，是實修、實證者，他在台灣創辦的道場有超過百萬名信眾。

聖嚴師父第一次考驗我，是在二〇〇二年，徹底改變了我的人生方向。

當時我在澳洲上大學，攻讀心理學和社會學，我的一位贊助者建議我去紐約見聖嚴師父，他在紐約市皇后區有一間小道場，另外在兩小時車程外的松林鎮有一個禪修中心，在那裡打禪七。雖然我忙於學業，還是迫不及待地把握機會去見這位備受推崇的禪師。

在此之前，我曾在台灣短暫拜見過聖嚴師父，當時我正協助籌劃松年師父的紀念集，我想請聖嚴師父寫篇文章，他和松年師父相識，皆受教於東初長老。

那次會面時間很短，因爲聖嚴師父一向是大忙人。在他銳利的眼神打量下，我覺得自己彷彿被掃瞄一般。他長袍下的身軀瘦得像竹竿，但他旺盛的生命力和輕盈的腳步使人不覺得他身體虛弱。

「有什麼我可以幫你的嗎？」他問。我告訴他我的想法，他說很抱歉，他跟松年法師並沒有那麼熟，所以沒辦法寫一篇有關他的文章。我請他寫幾個字，他想了一會兒，寫下「書畫三昧」。

「你師父圓寂了，那你現在怎麼辦？」他和藹地問我。

我回答說我在新竹的福嚴佛學院念書，他問我學習情形，並且鼓勵我不要放棄，看得出來他很愛護喜歡學習的人。我向他頂禮，他露出微笑，像個慈父般望著我，並給予我祝福。

我離開時，看到夕陽將他瘦削的身影映在窗上形成一個黑色剪影，那畫面一直留在我心底。

我回到佛學院繼續上課，那是一九九八年，距離我再次見到他還有好幾年。

從澳洲搭機，經過漫長的飛行旅程，終於抵達紐約甘迺迪國際機場，我已是頭昏腦脹外加時差，結果在機場見識到大陣仗的安全檢查，讓人大爲吃驚。當時我在澳洲已經住了三年，那裡的生活平和悠閒，而我到美國時，九一一才剛過沒多久，安檢非常嚴格，我受到一連串咄咄逼人的長時間質問和盤查。

在走向機場的計程車搭乘區時，我又被紐約市的多元化和快步調嚇一跳。我告訴司機地址，在晚課快開始前抵達了位於皇后區的道場。我很驚訝聖嚴師父在紐約的道場是一棟位於偏僻地段、不太起眼的樓房。

做完晚課，我向聖嚴師父頂禮。起身後，他只是看著我，以帶有穿透性的眼神凝視了我好一會兒，然後什麼也沒說，轉身離開。

有人帶我到就寢處，那是在二樓洗手間旁的儲藏室，一屋子打地舖的人。禪十就要在週末展開，我不太想說話，也有點害羞，只是很高興在長途飛行後終於可以躺下來睡覺。

我們凌晨四點起床，做運動，打坐，然後進禪堂做早課。大家腳步都很輕，房裡很暗，只有幾個地方點著小燈。

做完早課，短暫休息後，我們安靜地走到齋堂吃早餐。齋堂位於道場地下室，四周沒有窗戶，我坐的位置很靠近聖嚴師父。

用餐時很安靜，直到聖嚴師父開口說話，我嚇了一跳，因爲他是對著我說。「你爲什麼出家？」他問我。

如同前一晚仔細端詳我那般，他再度以那種具有穿透力的眼神凝視著我。顯然我正受到某種測試，但我不明白爲什麼。

通常在和不熟的人談話時，我會有點害羞、也比較拘謹，尤其是面對像他這樣德高望重的人士。不過，從來沒有人問過我這問題，至少沒有人眞正深刻地問，說也奇怪，我的話匣子一下打開了。

滿屋子的男、女僧眾在聽著，可是我只是對聖嚴師父一個人說，彷彿他在我倆周圍創造了一個隱形的力場。他全神貫注，而我輕鬆自若，在那種情境下這倒是有點奇特。

我解釋說，我原本想讀醫學院，但後來發現我在醫學院預科的同學們對名利、地位似乎比對幫助他人更感興趣，讓我覺得很失望。然後新加坡義安理工學院提供我獎學金攻讀生物科技，我對遺傳學特別感興趣，我很想了解大腦如何運作、還有為什麼我們每個人都不同。

但是我很快發現，通常科學能夠解釋事物如何運作，卻無法解釋為什麼。我在理工學院參加過幾個不同宗教的學生社團，包括天主教、伊斯蘭教和佛教，當我聽到佛法的「無我」、「因果」和「緣起相依」，心頭一口巨鐘悠然響起，迴盪不已。

「嗯。」聖嚴師父微笑著點頭，示意我講下去。

我發現自己竟然跟他談起童年往事，我如何開始想當醫生——

六歲時我的祖父往生，他住在新加坡林厝港，現在那裡大樓林立，還有地鐵站，但當時卻是一片農田，只能搭乘長途巴士前往，下車後還得頂著大太陽步行穿過紅樹林濕地，一路上塵土飛揚，搞得人灰頭土臉不說，還要飽受蚊蟲侵襲。大人們都用潮州方言交談，聽得我霧煞煞。對一個來自「天龍國」的都市小孩來說，這一切實在讓人抓狂，待在落後的鄉間根本是場惡夢！我寧可待在家，沒事去社區游泳池游游泳，或看功夫片、打打電玩。

我們在祖父母的農場住了幾天，親友們都來家裡悼念。祖父穿著下葬的長袍躺在黑色棺材裡，桌上香燭煙霧繚繞，炎熱無風的室內，只聽見蚊子嗡嗡作響。那氣氛對小孩來說，有夠低沉，也有夠嚇人。

這是我第一次知道有死亡這回事，沒有人能跟我解釋為什麼會有這麼可怕的事。

祖父過世後不久，外婆也因為肺結核往生，她是我母親的媽媽，也是我最好的朋友。她咳血入院治療，一天比一天消瘦，大家卻束手無策，因此我決心當醫生，學習遏止疾病，這樣我的父母就不會生病離開我了。

在理工學院，我體會到醫藥不能解決死亡問題；它有幫助，但效果有限。這也是我轉向宗教的另一個重要原因。

「嗯，」聖嚴師父點頭微笑說，「還有呢？繼續說。」

在新加坡所有年輕人都必須服兵役，我告訴他我在基本軍訓期間被指派到戒毒所擔任心理諮商。這是個令人羨慕的職位，不但不需要穿軍服，每天晚上還可以回家，不知道爲什麼他們選派我。

毒癮之苦，使我深受震動。吸毒者當中有些人從小家境優渥，各方面條件都很豐厚，卻這樣痛苦不堪，覺得看不見希望，使我認清我們的身體並非快樂的根源。我由衷生出悲憫，想爲他們做點什麼，我希望致力於解決生命的根本問題。我被佛陀的慈悲感召，他能夠捨下權勢與財富，讓我很感動，使我也想出家。

「很好！」聖嚴師父說完就起身離去，留下我坐在那兒，不知道爲什麼自己會解釋了這麼一大堆。

我覺得好像把自己掏空了，感覺很輕鬆，如釋重負。而且，很微妙的，我對自己的動機和生命的意義有了更深刻的理解。其實我的老師已經開始在指導我了，一路點撥，爲我打基礎，使我能更深入。雖然當時我還不明白。

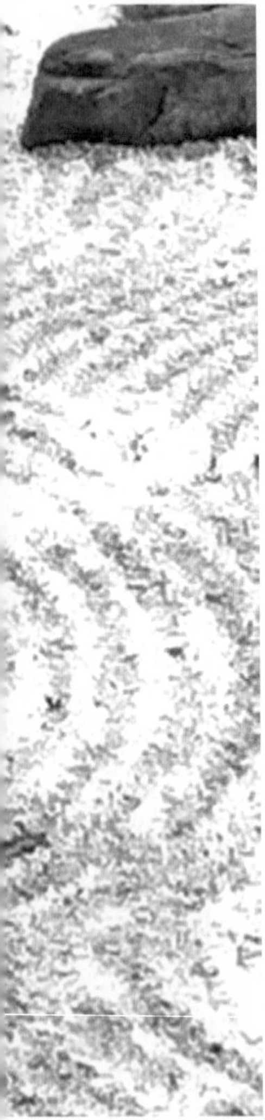

禪師所考驗的，不是弟子的聰明才智或學問，他們看穿你的心意識，洞悉你直接親身體驗的程度。(照片提供／沈常修)

二〇〇四，松年師父圓寂八年，我爲他建了一座紀念塔。那時我已跟隨聖嚴師父禪修一段時間，我請他幫紀念塔題字，先寫在紙上，然後掃瞄，再以雷射鐫刻在黑色大理石上，立在塔邊。

提筆寫字前，聖嚴師父遲疑了許久。

「松年法師那麼有名！我的書法實在不算什麼。」他說。他寫下幾款「松年法師舍利塔」，然後有一點不好意思的問我比較喜歡哪一張。

從他的遲疑和感到自己不足，我看到聖嚴師父的謙虛。他是同輩當中最德高望重的佛教大師之一，但一如竹子心空，他不存私心、別無所圖。竹子越高，彎得越低，聖嚴師父從不擺架子。他的簡單眞誠，很「禪」！他圓融無礙的境界，灑脫又自在。

感動之餘，我從他寫的塔銘中，選出了其中一張。

# 12 超越

有兩兄弟離開家去尋師訪道，他們在離家不遠的河邊分手，約定十年後在同一地點碰面，分享彼此所學。

兩人都信守承諾，十年後，他們在河岸重逢。

「你學到什麼？」哥哥問。

「看我的。」弟弟說完，縱身一躍，遠遠地落在對岸。

「過來啊。」他得意地喊著。

做哥哥的雇了條舢舨渡河，弟弟笑著看他上岸，說：「你修行都學到了什麼啊？連這條河都跳不過。」

哥哥笑了，「那你十年來就學到這個？跳過河？」

「我學會特殊能力，」弟弟自負地說，「我可以跳得很遠很遠，甚至還可以飛上天。」

「你這十年來學到的東西只值兩塊錢。」哥哥說。

「爲什麼只值兩塊錢？」弟弟想不通。

「這是渡河的船資啊。我十年來的修行，學到的不是從河的這一岸跳到另一岸，而是從內心煩惱的此岸超越到安詳自在的彼岸。」

# 12 超越

其實，並無彼岸。我們所能超越最遠的岸邊，就是回到自己；當你超越，你依然站在當下所處的位置。我們所有的旅程，都將我們帶回出發點。

我們通常以爲眞正的靈性是超凡入聖，是神秘、不尋常、甚至超自然的。事實上，此時此刻才最特別！充滿著奧妙、可能性，以及希望！

# 13 處理疾病

我們會生病，這就是人生！從來不生病的人極為罕見，多數人都會受到各種病毒和傳染疾病的折磨，我們的身體一如世上其他所有事物一樣不完美。

佛陀曾說，照顧病患有極大的福報。他也會親自照料他們，為生病的信眾清潔身體，同時撫慰他們的心靈，教導他們無常的觀念和不要執著身體的道理。有時，聽完這些教法，他的弟子們竟然奇妙地不藥而癒。

有一次我到印尼帶領禪十，在禪期開始的幾天前，我病得很嚴重，整個過程讓我想到這些傳奇故事。我都是早上發病，下午過了一半時肚子就開始絞痛，然後腹瀉，每隔十五分鐘就得衝去廁所，晚上也沒辦法好好睡覺，於是乾脆搬到靠近廁所的客廳去睡沙發。

在那三個漫漫長夜裡，我觀想著女性分娩的陣痛大概就像這樣，不由得想起母親為了將我帶到世間所承受的一切，內心滿懷感激。

第四天之後我稍微好一點，不過仍然有腹痛和脫水的情形，也很虛弱，但我還是必須指導禪修、講開示、和禪眾一起打坐，並且帶領做早、晚課，我還以為自己得裹著尿布做這些事呢。

結果還好沒那麼慘。當我在做這些事的時候，我把注意力放在正在進行的事情上，而忘了腹瀉這回事；一旦結束，我的肚子就又開始劇痛，得跑廁所。

那十天眞的很辛苦，我唯一能做的就是放鬆、臣服於病痛，學會和它相處。我想起佛陀說的「不要執著」與「無常」，雖然不能說我神奇地不藥而癒，但佛陀的教法確實讓我了解我是有選擇的——是對我的處境感到生氣難過，或是選擇放鬆。

每一口呼吸都是美妙的，每一剎那都是美好的，日日是好日，我們永遠可以學習和成長。

禪期結束的隔天，我的病全好了。

# 14 安忍

安忍和接受現狀的能力，在禪法的學習與成長過程中是很重要的一部分。禪法所謂的安忍，不是要你咬緊牙關硬撐，而是在即使面臨疼痛甚至死亡時，還能夠泰然自若。

當能夠安忍時，我們是放鬆的；若不能安忍，我們就會緊繃、心也跟著封閉起來，覺察力自然降低，變得沒那麼清楚，不知道如何應變，比較沒有彈性。

在我們心底深處，或許是不自覺的，總期望能夠勇於踏入生命的長河，無論它帶我們流向何方。不管面對任何狀況，只要能夠安忍，我們就能遊刃有餘、盡情融入生活。

有許多指導禪修的偉大老師是這種安忍的好榜樣，佛光山創辦人星雲大師就是一個例子。他提倡人間佛教：行善，助人，贊助社會服務，同時創辦學校。他現在年紀已經很大了，而且近乎失明，但你根本看不出來。

他讓我印象最深刻的是，二〇〇九年舉行第二屆世界佛教論壇時，他在台灣桃園機場入境大廳迎接前來參加的人。當時他有一根肋骨斷裂，站著會很痛，但他一整天都忙著跟幾千位來參加會議的在家、出家人握手，親切愉快地微笑致意。他站了一整天，親自歡迎每一個人。

那是何等的安忍力啊！他是個了不起的人，有王者的莊嚴，他當時應該極爲疼痛，卻依然那麼安詳自在。在佛道上，他的榜樣鼓舞了我，給我帶來力量。

這種安忍的另一個例子是聖嚴師父。他晚年罹患癌症，最後因此往生。在治療過程中，有時必須在兩場開示之間的空檔去接受化療，但是從醫院回來，一上台說法，他就顯得生龍活虎。

我在二〇〇四年擔任他的侍者，他安忍的功力令我歎爲觀止！他先是在台灣待了三個月，除了開示佛法之外，還要處理寺院以及佛學院的事務，接著展開密集的弘法行程，前往新加坡、雪梨、墨爾本和瑞士，在每個地方都有演講和禪修活動。不論到哪裡，他都會在一個小記事本上用很小的字體不斷做筆記，寫下他所見所聞的細節，以及他不時想到要寫在書中的內容。他花很多時間寫書，每晚我就寢時，他都還沒睡，過了午夜仍在寫作。

他從來沒有時差，一點都沒有！我眞不敢相信。那時我還年輕，但是等我們旅行一圈回到紐約時，我已經累癱了，病到差點送醫院。

聖嚴師父總對我說他的生命有限，來日無多，他要充分利用餘生。在那期間，他的血壓不穩、心律不整，很容易暈倒。他有腎臟病，而且已被診斷罹患癌症，但什麼都阻止不了他。

後來他才告訴我，當時他向我透露自己的健康狀況，只是爲了說服我接

在我們心底深處，或許是不自覺的，總期望能夠勇於踏入生命的長河，無論它帶我們流向何方。（照片提供／岳貢）

任紐約象岡禪修中心的住持。那個時候他還沒有對外宣佈病情，沒有多少人知道。

而在他公開健康狀況之後，他似乎很樂於談論自己的病情，好像是在說另外一個人的事。癌症沒有帶給他不安，也沒有使他焦慮或憂鬱，聽他形容他的腎臟病，就好像在聽一堂生物學或生理學的課。他會在早上開示，下午去洗腎，然後晚間再做一場開示；而講完開示，他往往連說話或抬手的力氣都沒有了。即使如此，凡是有關法鼓山全球組織所面臨的問題和挑戰，他總是有心力去處理，他的心永遠清晰敏銳。這樣的心力眞是了不起！

還有另一個這種安忍的例子，也令我很感動。當時我是個年輕僧人，跟一群佛教徒去新加坡中央醫院探望一位肝癌末期的老人家，他學佛多年，是虔誠的佛教徒。

他一生困苦，年輕時妻子離他而去，生意也倒閉，他書念不多，只好去當勞工。後來他學佛，念「阿彌陀佛」作爲修行。念佛法門是求生西方淨土，有點像基督教天堂的概念。

我們在午後前往探望。他住在六人房，見到我們，便把病床調到半坐半躺的姿勢跟我們說話。他臉上有一種不可思議的安詳和全然的平靜，他既無恐懼、也沒有絲毫痛苦的表情，這眞的很不簡單，因爲在整個療程中，他都堅決不使用止痛藥。

醫生也很訝異，他治療癌症病人已經快六十年了，這還是他頭一次看到有人在經過放射線治療和化療、飽受病痛折磨後，無須藉助藥物，還能始終保持從容平靜，並且很放鬆。

就在我們探望後一星期，這位老人家辭世。

生病的時候，不是你在生病，是你的身體生病；心靈，可以選擇沒有病。從容以對，未必表示你是處於舒適的狀態。心靈成長的一部分，是培養安忍。

世上有幾人能夠安詳離開人世？是不是值得好好想一想、好好做準備呢？由你自己決定。

# 15 信心與修行

堅定的信心，是一種至誠的表現。

信心能使你打開心門，帶給你力量和勇氣，鼓舞、激勵你。然而，這並非盲目的信仰，它是一種觸動，可以親身體驗。

這種信心是一種共振和共鳴，如同母親和孩子一般，在懷孕時，母親可以感到胎兒在動；分娩後，她還是和孩子有感應，所謂「傷在兒身，痛在娘心」。

母親對孩子的愛是獨特的，但同時也是普世的，信心也是如此，就像合唱中，個別的聲音融爲優美的和聲，吟唱著愛與慈悲之歌。

對禪法的信心，來自修行的體驗。以我自己來說，在跟隨聖嚴師父修行後，曾有兩次禪定經驗，喚起我對教法的信心。當時我住在紐約的象岡禪修中心，協助帶領禪期，不過還沒有開始擔負行政工作。

在這段期間，我的禪坐飽受挑戰。那時我已全心投入打坐多年，在蒲團上度過無數時光，你大概會認爲我應該不會有什麼問題，但很可惜，情況並非如此。我不但腿痛得要命，還差點沒被妄想雜念給生吞活剝；我也常陷入極度昏沉，使我懷疑自己是不是得了什麼精神耗弱的病。雖然我在過去的修行中也曾有過較深的體驗，但是在那個夏天，這一切似乎一去不返。

第一個使我產生信心的經驗，發生在某個夏日午後。整個禪修中心非常安靜，我獨自一人打坐，僧眾寮房會客室的時鐘指著兩點。雖然是夏天，屋裡卻很涼。

坐在蒲團上，又落入我通常的老問題：妄念紛飛，心神俱疲。我還是不斷地回到呼吸、回到方法。忽然間，形勢轉變，我忘掉了我的身體，也忘掉了我在哪裡，我忘掉了我是誰，忘掉了我紛飛的妄念，一切拋開，只感到全然清澈安定。我覺得世間好像只有我一人，我不動如山，同時輕如鴻毛，悠然飄盪在沉香繚繞間。一室寂然。

當我睜開眼睛，還以爲自己眼花了，牆上時鐘指著八點！我竟然坐了六

我忘掉了我是誰，忘掉了我紛飛的妄念，一切拋開，只感到全然清澈安定。（照片提供／邱怡華）

個小時而一點都不覺得時間過去，實在不可思議，彷彿時光憑空消失。

另一次類似的經驗，發生在一個星期後。我在寮房的會客室經行，在長度大約四公尺的房間裡，我緩緩邁步，感受每寸關節的移動，腳趾先著地，然後是腳掌，接著腳跟。我持續練習，放鬆地安住在方法上，我完全融入，再次體驗到消融。我一看手錶，整整四個小時過去，而我只移動了兩公尺。

禪定使我體驗到某種沒有執著的狀態，嘗到一點解脫、自由的味道，稍微領略了止息我執，以及伴隨我執而來的苦，我開始覺得我也可能有希望解脫，這使我對修行和道業生起信心。

類似的體驗，在世界各地的靈修傳統裡面都有，其中雖有相似之處，卻各有其獨特的脈絡與特色。這些體驗都讓人感到如如不動與眞切，也都指向解脫自在、愛和慈悲——這是所有靈修之道的共同語言。

# 16 自性

當我在福嚴佛學院念書時，有天早上老師宣佈，知名的仁俊長老將要來給我們上課。

我們這群年輕僧眾好奇地期盼他到來，一方面又因爲聽說他的嚴厲「令人毛骨悚然」而感到畏懼。

那天天氣很冷，仁俊長老坐車來到佛學院。他個子不高，戴一副學究型的厚眼鏡，頭型像顆顚倒的西洋梨，而且歪向一邊，好像脖子扭到。他出生

# 16 自性

在江蘇，鄉音很重，很難聽懂，一位陪同他的婦人幫忙解釋意思，一旦她對他說的話有所遲疑或曲解，他就會喝斥，像個專橫的將軍習慣了別人聽命行事。

見到他來，年輕僧人大多立刻鳥獸散，沒有人想當他的侍者。我自告奮勇，心想這會是很好的訓練；而且，爲我剃度的松年師父當時剛過世不久，他也是那種兇巴巴、要求嚴格的老和尚，而我非常懷念他。

我將餐點端去給仁俊長老，另外在一旁多盛了一些，以防他怪我準備的份量太少。晚上，我的工作則是幫他提一桶熱水讓他洗腳。我敲敲他房門。

「進來。」他說。

進門後，我低頭鞠躬行禮。

「有什麼我可以幫您做的嗎？」我問。

「不需要，我可以自己做。」他一面回答，一面繼續洗腳。泡腳有助於氣血循環，有益睡眠。我以最恭敬又不礙眼的姿勢站在一旁。

頭一晚我是這麼做的：除了那桶洗腳水之外，我還多提了一桶熱水來調溫度。當他表示水溫恰好時，我用手試了一下，從此知道他喜歡的溫度。他大概還算欣賞我的照料，因爲我都沒挨罵。

仁俊長老每天都會在椅子上打坐，結束後，就會開始起勁地做運動，向上、向下、向前面和兩側揮拳。看到這位古錐的小個子歪著脖子對空揮拳，在我年輕的眼中頗具喜感。不用說，我當然只敢在心裡偷笑。就連他禮佛的動作都有武術架勢，快、強、準！

身爲侍者，我其中一項工作是在上課前去接他。通常都是侍者到師長的房門前輕輕敲門，等候允許入內，然後專注地把門輕輕打開，用最不擾人而恭敬有加的聲調說：「上課時間到了。」

至於仁俊長老，當我提早十五分鐘到他門前，只見他早就準備好，站在門外等候。他瞪著我，我一聲也不敢吭。

仁俊長老的學生時常提心吊膽害怕被他罵。他上課非常準時，如果課表上寫著八點上課，他就會在八點整開始講課，一秒不差；假如課堂應該在九點結束，他也必定分秒不差的下課。他要求我們也同樣要守時，如果給我們五分鐘時間上台報告，時間一到就必須結束，如果超時或不足五分鐘，即使只差一秒鐘，他就會吼我們。據說，從前如果其他老師沒有照課表準時上下課，他還會拿自己桌上的小鬧鐘朝對方丟過去。

當他講課時，課堂一片死寂，我們全像僵屍一樣坐得直挺挺的，只敢努力點頭，雖然大部分時間我們根本完全聽不懂他在說什麼。他會抑揚頓挫地講每個字，並用那聽不懂的口音吟成語句，再加上比手畫腳的戲劇性手勢，搖晃著那原本就歪向一邊的頭，看起來就像在演平劇。他講的是佛教概論，想到什麼講什麼。他喜歡即興作詩，往往沉吟再三、字斟句酌，然後叫他的翻譯抄到黑板上。不過我們都覺得那些詩平淡無味，有點怪怪的。

然而，仁俊長老在他師父、同時也是福嚴佛學院的創辦人印順導師面前，卻完全變了個人，溫馴得像個咩咩叫的小綿羊，看得我們下巴差點沒掉下來。

我在佛學院念書期間，曾兩度擔任仁俊長老的侍者，他那嚴厲的老派作風給我很深刻的印象。

我在福嚴初識仁俊長老是一九九七年，畢業多年後，才又在二〇〇六年重逢，當時我在聖嚴師父的紐約象岡禪修中心擔任住持。

聖嚴師父和我乘車前往新澤西州拉法葉市去探望仁俊長老，他在這裡成立了「同淨蘭若」，並且創辦基金會，主要是翻譯和推廣印順導師的著作及思想。我們接近時，看到這裡設備完善、環境優美；在成立「同淨蘭若」之前，這裡原本是一所基督教修道院。

仁俊長老也有令人難以置信的轉變！他滿面笑容的迎接我們，而且一直保持微笑。他看起來和藹可親，非常友善，那「令人毛骨悚然」的嚴厲哪去了？

長老向我透露，他發現自己太嚴格也太兇，結果學生都跑光了，也沒有任何剃度弟子，於是改修「微笑法門」，每天花一個小時對著鏡子向自己微笑。他說，一開始練習，真的要用手把嘴角往上提，但一時難改的是看起來有點兇的皺眉習慣。

我感動極了，教內人士聽到全新「和藹版」的仁俊長老也十分感動。他改變作風和修行法門時已經八十多歲了，令我們敬佩又讚歎。

我對長老的最後一個印象很特別。我看見他進進出出同淨蘭若的大廳，於是站到一旁，看著他脫下鞋子仔細地放在固定的一邊，然後進大廳，又走出來穿上鞋，再重複同樣的動作。我在想他是不是有點不穩定，難道有強迫症？最後我的好奇心佔上風，就過去問他在做什麼。

他說他之前進大廳時忘了脫鞋，所以正在練習：脫鞋，進大廳，然後再出來穿上鞋……，重複一百次。這是他其中一個特點：如果犯了小錯，他總是當場改進。

我大爲感動，同時也爲自己忽略一些小事、覺得它們無關緊要而感到慚愧。對他而言，沒有一件事是小事，它們都是整體的一部分，也是生活的藝術。我離開讓他繼續走進走出大廳，微笑著，穿鞋，脫鞋。

佛陀說過，涓滴細流也能匯聚成河。一切善行，再小也值得做。而在我們內心知道是正確、眞實的事，即使稍有違犯，都會加深我們的習氣、使我們迷惘，俗話說，星星之火可以燎原。我們可以學習仁俊長老的榜樣，留心身邊一切事物；而在日常生活中，保持隨時留意，是可以帶著微笑開開心心去做的。仁俊長老穿鞋脫鞋，樂在其中。

近期的神經科學發現，當我們微笑時，即使我們並不開心，我們的腦還是會分泌荷爾蒙使我們感到比較快樂。何不一起來練習微笑：

沒有一件事是小事，它們都是整體的一部分，也是生活的藝術。
（照片提供／邱怡華）

微笑著走路
微笑著睡覺
所見所聞，微笑以對
微笑著傾聽
微笑著呼吸
微笑在舉手投足間
它翩然而至
像巧克力融於舌尖
細細品嘗，不咀嚼
在口中一點一點，慢慢融化

微笑
滋味，慢慢盛放

敞開心胸
別忘了微笑
鋪床時微笑
梳洗時微笑
刷牙時……，
就算嘴角沒法上揚
也別忘了在心裡微笑
慢慢地，在心中蘊釀

某些東西開始發酵

終於
微笑推倒了高牆
瓦解了障礙
療癒傷痛

當心中烏雲密佈，混亂不堪
回到微笑
當壓力襲來
回到微笑
微笑是你一大珍寶

# 16 自性

有兩種能力我們不需要學就會，一是呼吸：打從出生，我們就開始呼吸。二是微笑：事實上，近來科學家發現，胚胎漂浮在子宮裡的時候是會笑的。微笑著，漂浮，微笑。

禪師問：「什麼是你未生前的自性？」

我們的自性，是微笑，是漂浮。

還沒出生，你就在笑了。你可以帶著微笑去發掘你的自性、你對生命的本能反應。

我們可以回到出生前，在母親子宮裡微笑漂浮的狀態。

和漂浮在廣漠無垠的宇宙中，有那麼大不同嗎？

仁俊長老微笑著脫下鞋子，再將它們穿上。

微笑，漂浮，徜徉於大地的子宮。

# 三 禪心，禪意

滴水不停，四海將盈；

纖塵不拂，五嶽將成。

——釋亡名《息心銘》

# 17 輕言細語

戀愛中的情侶，彼此說著悄悄話。他們柔言蜜語，訴說衷情。

我們什麼時候會喊叫？通常是在我們想接觸的那人離得很遠的時候。距離近了，我們就會輕聲細語。

大呼小叫，表示你離我很遠。我們可能沒發現，當我們對別人大聲喊

## 17 輕言細語

叫、或是別人對我們大聲喊叫時，距離就在不知不覺中形成。**你離我很遠**。

若有人對你大呼小叫，走向他，靠近一點，用溫和的語句輕聲說話。對方會立刻軟化。

當有人對我們吼叫時，我們通常會吼回去，然後雙方越吼越大聲，結果彼此的距離就拉遠了。

通常我們都無法接受別人對我們吼叫，我們會感到驚慌失措，覺得被排斥、受到冷落，產生距離感。而當我們靠近時，我們感到溫暖、彼此相連。

下次如果有人對你大吼小叫，仔細地傾聽，那人是在呼喚你，告訴你你離得好遠。請她告訴你她的心事，接受她。接受的意思是接納，並且去感受對方，這樣就能喚醒你心底的愛與關懷。

有了愛與關懷，你們就能夠拉近距離，彼此更親近。

就像對小狗或馬兒說話那樣地輕聲細語，沒有必要大呼小叫。將彼此的距離拉近一些，這世上已經太多嘶吼了，說話溫柔體貼一點吧。就像一對親密的伴侶，貼近彼此，輕聲訴說愛語。

# 18 身心合一

我教給學生一句「咒語」：身在哪裡，心就在哪裡；身體在做什麼，心就在做什麼。

身心應該要在一起，當我們走路，就只是走路，當我們坐下，就只是坐著。不要身體做一件事，心卻在做另一件，身心要合一。

這並不表示當我們在思考或解決問題時，無法體驗到深刻而有意義的定境。另外，也有心和外在環境統一的定境，全然在當下。

然而，大多數時間，我們只是日復一日渾渾噩噩的過日子。這句「咒語」可以幫助我們覺察，隨時回到當下，不致陷入情緒和白日夢當中、迷失在我們爲了解釋並合理化各種感受而建構的故事裡面。

居住環境可以反映出我們的心境，事實上，所有一切都是心的投射。如果心思混亂，家裡也會很雜亂，物品到處亂放，常常不是找不到東西、就是把東西弄丟。

自從我在二十年前開始學打坐之後，好像就不曾找不到或遺失東西。當我出遠門，如果需要請人從新加坡寺院寄東西給我，我可以打電話回去很清楚地告訴他們那東西擺放的確切位置。我不是在吹噓，這其實是很簡單、很身在哪裡，心就在哪裡；身體在做什麼，心就在做什麼。
（照片提供／岳貢）

自然的事。

要練習把東西歸回原位。如果你的房間很亂，把它整理好，不要迷迷糊糊地過日子，身心要合一。如果我們勤奮地練習這句咒語，自然生活會和諧。這項練習可以將我們帶回當下、帶回此時此刻、帶回現實生活，而非沉迷於幻想或內心的投射。

當身心統一，我們就是處於當下，能夠覺察此刻發生的事，而能全然投入，全心全意地生活！

如果我們練習身心一致，自然會進入一種非常放鬆的狀態。不過，放鬆並不是怠惰，不是鬆懈、漫不經心或粗心大意；放鬆的意思是不受影響、不被干擾或不分心，一切清清楚楚、從容淡定，能夠接納事物，同時反應明快。

佛陀是世界上最放鬆的人，這並不是說他是最**舒適**的人；你可以在非常不舒適的情況下仍然很放鬆。放鬆是一種開放的狀態，不會緊抓住什麼，清清楚楚卻不費力、不勉強、不施加壓力，能夠靈活而有彈性地因應每時每刻。成佛，就是臻于圓滿的放鬆。

# 18 身心合一

要想能夠這麼放鬆，就要練習身心合一的咒語：身在哪，心就在哪；身在做什麼，心也在做什麼。很簡單、也很容易，直接了當，再平常不過。身心一致，和諧融洽。

身和心一直在一起。

# 19 超越自我

禪修不是靠邏輯和理性，但並不是說禪反對這些；禪是體驗。我們處於當下，不斷地回到當下。我們一直都在變動的過程中，不停地轉變，沒有哪個點是固定不變的。不論我們在做什麼，都要放鬆、敞開察覺。

如果我們放鬆、把心打開，就會有一種慈愛的感覺，寬大爲懷，自然樂於助人。我們會感到與萬物相連、感受到慈悲。

慈悲的「慈」，意思是給予快樂。字的上半部「茲」在古文中和絲有

# 我走過一趟 地　　獄

作者／山姆・博秋茲（Samuel Bercholz）
繪者／貝瑪・南卓・泰耶（Pema Namdol Thaye）
譯者／普賢法譯小組
精裝　定價699元

★美國香巴拉出版社社長親身經歷
★國際西藏藝術大師匠心繪製

**如果你…曾震懾電影裡的地獄審判、更好奇死後樣貌與輪迴真相**
**那麼你…絕對不能錯過這一場真實發生的地獄巡禮——**
**更驚天駭地　更直入人心**

本書記錄了作者在心臟手術過後瀕臨死亡、發現自己身處業力輪迴的最底層等種種難以言喻的切身體驗，加上國際西藏藝術大師匠心繪製的現代主義插圖，為的是和讀者分享，如何從我們個人創造的地獄中醒悟，並且幫助他人從其自身的地獄中找到慰藉與解脫。

**無常是生命最好的老師**

穿越六道輪迴之旅
定價280元

生死的幻覺
定價380元

圖解西藏生死書
定價420元

# 一行禪師　與孩子一起做的正念練習

## ——灌溉生命的智慧種子（隨書附贈練習音樂CD）

作者／一行禪師　譯者／陳潔華
定價450元

就算世界不夠美麗，練習正念，你就可以創造奇蹟！

本書是一行禪師所教導關於孩子正念練習的完整概述，讓親子與師生都能一起實踐正念、灌溉生命的智慧種子——停下正在做的一切，放下手機、平版、滑鼠與遙控器，就只是感受所感受的，讓我們專注在「自己」，去體會什麼是全然地活著，以及享受生命的真正美好！

# 一行禪師 你可以不生氣

## ——佛陀的最佳情緒處方

作者／一行禪師　譯者／游欣慈
定價250元

★ 美國單周銷售10萬冊以上
★ 韓國版暢銷100萬冊以上

如果你不想生氣，就不要吃進憤怒……運用禪修三法門化解情緒難關：傾聽他人心聲的諦聽，了解自己情緒源頭的深觀，再以正念覺知情緒對生理、心靈的作用，自然能將負面情緒轉化為正能量。

# 一行禪師 心如一畝田——唯識50頌

作者／一行禪師　譯者／觀行者
定價360元

**用正念灌溉你內心的種子！**

「心」的教法似乎總是困難、複雜，且令人畏懼的。一行禪師善於將其應用於日常生活中，幫助人們依循正念走出心靈迷宮。

一行禪師以簡約的偈頌來闡述涵義深廣的佛教心理學，他一貫生動活潑、深入淺出的說法，讓原本令人望而生畏的枯燥典籍，展露出清新的生命力。如果在閱讀當中，發現不懂某個字句名相，也不用太努力，就讓這些教理像是聆聽音樂一樣進入你，或是像大地讓雨水浸潤它一樣，有一天會自然開花結果。

關，象徵柔軟；下半部則是「心」。

現在「慈」在禪法的意思是「予樂拔苦」，我們希望他人快樂，而且如果可能的話，就將快樂帶給他人，意思是消除並且給予、給予並且消除。

藉著不斷地回到當下，我們培養出這種回應人生的態度。如我先前所說，身在哪裡，心就在哪裡；身在做什麼，心也在做什麼。這需要一些鍛鍊才能達到，但同時這也是非常放鬆的，很簡單。

禪是儘量避免去做分析和辨證，多半憑直覺、而非表面（至少看上去好像如此）的理性。就拿我帶領的禪期爲例，大家花一、兩個星期時間在山裡與世隔絕，每天凌晨四點起床，一天打坐好幾小時，不可以說話也不能亂動，這樣算理性的選擇嗎？

大自然不斷地付出，無止盡地付出，每個瞬間都是奇蹟。
（照片提供／岳貢）

我們分析一件事，對它品頭論足，全都是出於自我的觀點。對自我的固著，形成我們每天對生活的看法，每件事都是「**我**、**我**、**我**」，要不就是「**我的**」，全世界都圍繞著「我」轉。以自我爲中心的世界觀所形成的知識，也不過就是關於自我的知識。你將自己視爲主體、其它一切都是客體，你認爲你可以掌控一切，就會變得傲慢自大。

# 19 超越自我

我們過度膨脹自己的重要性，往往造成殺戮、迫害，以及對大自然的破壞，代表缺乏關懷、溫柔、慈愛與尊重。這當中的心態是「我最重要！宇宙的目的是爲**我**服務！」，不知造成多少悲劇！如果能夠停下來，直觀地去相應造化重重無盡之豐盛莊嚴，自會滿懷感恩與謙卑。大自然不斷地付出，無止盡地付出，每個瞬間都是奇蹟。

明白這道理是一回事，但要去**感受**它、實踐它，又是另外一回事。我們在日常生活中的見、聞、覺、知，往往都無法超越自我。超越自我的實相，已超出了我們的日常經驗。

禪講的是「智慧」，「智」是知識的「知」下面加日光的「日」。陽光普照萬物，智慧遍及一切，不加主觀評斷。而知識則像一束光線，它的聚焦和方向都是有限的。

禪以「葛藤絡索」來比喻我們做分析時的心理狀態，就像藤蔓攀爬纏繞在圍籬上，纏過來又繞過去，裡外交錯，越來越糾結。我們的推理思考或許很縝密，可是還是免不了執著那道圍籬，換句話說，我們無法打破自我的框架。忙著鑽研分析的心最後可能會起肖，就像引擎轉速越來越快，最終起火爆炸。

一次又一次地不斷回到當下，走路、說話、吃飯、喝水，身心都一致，這樣就會擴展我們的覺察力、並且生起慈悲心——即使這聽起來好像不合邏輯，也超乎我們理智上的了解。

# 20 勇氣㈡*

不論中文或英文，「勇敢」（bravery）和「勇氣」（courage）在概念上都有些微不同。「bravery」衍生自拉丁文的「barbaros」，隱含著凶猛野蠻的意味。中文也一樣，「勇敢」一詞和膽量、體魄有關，有可能被恐懼所激發。勇敢表露在外，是外顯的，你可能外表看起來很勇敢，但其實內心缺乏

編註：
*勇氣㈠出現於《愛，從呼吸開始吧！》（二〇一五年，橡樹林出版）第七十八頁。

勇氣。勇氣，則是發自我們內心深處的核心力量與信念。勇氣是內在力量，雖然未必和打鬥有關，但它也的確含有毅然而然直接面對挑戰和困境的意思。

勇氣，也是一種安忍的表現。勇氣的力量不在於反擊或攻擊，而是能夠承受。強大的勇氣來自強大的慈悲心，如同父母永遠守護著孩子、庇護他們，隨時都能爲孩子犧牲自己。

有了那種慈悲心，我們就不會恐懼，就能夠面對危險。我們也應該爲自己展現出這種勇氣，如果我們能夠愛自己心中那純眞無邪的內心小孩，就有勇氣面對種種困難和挑戰。勇氣來自愛，我們要愛自己。

勇氣出於智慧，它帶給我們勇於爲理想奮鬥的力量。正是這種勇氣推動聖雄甘地和曼德拉毅然出來反抗壓迫和不平等，改變了這世界。

勇氣也來自練習。當我們發展出某些技能並且不斷練習，就會逐漸對自己的專長產生信心，而能放手去做，不會害怕。

勇氣來自忠誠與奉獻。一切人際關係都有起起伏伏，必須有勇氣，才會願意去處理問題、度過難關。

父母會爲子女奉獻自己。母親會鼓勵孩子：「你可以做得到！不要放棄！」她對孩子有信心，這會激發孩子的潛能，鼓舞他們努力勇往直前。

勇氣是溫暖的，它發自內心。現在很多人害怕發自內心的溝通，變得疏離、冷漠而無情，這不是母親對待子女的方式。這種冷漠的距離和勇氣正好相反，它來自恐懼。

勇氣也意味著承擔，負起應盡的責任。不負責的人沒有勇氣，他們不想承擔自己行爲的後果。我們對自己和對他人都有責任，要勇於爲所發生的事情負責。佛陀是很有勇氣的，因爲他承擔起眾生的苦。

中文的「勇」有勇往直前、精進努力之意，也意味著永恆。勇猛，是指如猛虎出閘般的威猛，勢不可擋。

說到底，勇氣是無私的，將個人得失置於一旁。當你決定奉獻付出、許下承諾，就不會再去想那些，而只是放手去做。

自強不息，就是一種勇氣的表現，不害怕失敗就是勇氣。不入虎穴，焉得虎子，冒險需要勇氣。放下，也是一種勇氣；一旦放下，會忽然不知道該抓什麼好。面對不確定、不可知的未來時，放鬆，這就是勇氣！

# 21 自立

禪，著重自立自強。我們華人重視靠工作來自立更生，無法接受乞討這回事，禪門也承襲了這個觀念，一如百丈禪師（西元七二〇至八一四年）的名言：「一日不作，一日不食。」中華文化和華人社會傳統以農立國的精神，以及從前禪宗寺院的生活方式（直到近期才改變），都是在土地上勞動耕種，自給自足。

自立更生，並不是說要過著不和他人往來的獨居生活，而是要能夠爲團體付出，做出一些貢獻和分享，這是關懷他人與承擔責任的基礎，著重在我們每個人都要爲自己的心靈成長負責。

佛教有個很棒的故事能闡明這一點：佛陀過世後，他的弟子中有五百位大阿羅漢（亦即覺醒者）聚會結集佛陀的教法，然而，佛陀的侍者阿難卻被拒於門外，因爲他雖然隨侍佛陀多年，也以心性純良、記憶超強著稱，但尚未證悟。師父才過世不久，就被師兄弟們排拒在外，使阿難深受打擊。

召集這次聚會的大迦葉告訴阿難要自立——自依止。「依」是依循，「止」是止息。阿難明白過去他太依賴佛陀了，而沒有好好努力自我成長。

大迦葉給阿難七天時間，要他證悟後才能參加聚會，於是阿難日以繼夜的練習各種他所知道的修行法門，但沒一個成功。第七天夜裡，他筋疲力盡、沮喪不已，就在他決定放棄，準備躺下的一瞬間，他證悟了。

我看見阿難俯身朝地面臥下，他終於放鬆，放下了對開悟的執著。他的放下不是放棄，而是敞開，真正地敞開心門。

千年暗室，當一盞燈瞬間亮起，一切，就都亮了。（照片提供／邱怡華）

「你是我眞正的老師。」阿難對大迦葉說。在禪宗的傳承裡，他們的法脈延續至今。

若我們感到絕望、走投無路，那是因爲我們有依賴心，過於依靠別人。我們習慣向外尋逐，以爲我們要找尋的是在外面某處，事實上，我們每個人內在都是佛。要向內，找到內在的佛。

在禪門，這樣的教法我們稱之爲「傳燈」，心心相傳，燈燈相續，一代又一代，綿延流傳。燈火在你心中，等待點燃。千年暗室，當一盞燈瞬間亮起，一切，就都亮了。

# 22 不立文字

禪門講「不立文字」，語出《楞伽經》。

唐代在西元九世紀有一位俱胝禪師，就是用這種不依賴語言文字的教法。每當有人向他請教，他都豎起一根手指；不管什麼樣的問題，這就是他的回答。

俱胝禪師有一個隨侍多年的侍者，多年來，他看到不論人家提出什麼問題，師父都只是伸出一根手指。

有一天，一位禪修學生前來拜訪，師父正好有事外出，於是侍者決定扮演師父的角色。他整理一下衣裳，端坐在師父的位子上。

「可以請教你一個問題嗎？」那位學生問。

「請說。」侍者問答。

學生問完，侍者學他師父那樣豎起手指，學生就離開了。

師父回來後，問他：「我不在的時候有什麼事嗎？」

「有人來訪。」侍者說。

「可惜我不在。」

「別擔心，我替你回答問題了。」

「你怎麼回覆的？」

# 22 不立文字

侍者豎起手指。禪師跳起來，抓了把小刀，一下削去侍者的手指！侍者跳腳大叫，就在他想衝出房間時，禪師叫住他，侍者一回頭，禪師舉起自己的手指。當下，侍者證悟。

失去一根手指而開悟，值不值得？你覺得呢？

雖然聖嚴師父有超過百本以上的著作，也很重視文字的力量和重要性，但他的成就並不只是建立在文字上面，他體現了禪修的單純與美好，這是他生命的核心。

他在著作中將「不立文字」描述得很精彩：「禪是不可言傳的，因爲我們無法用語言文字來表達、形容或解釋，也不能用想像或以我們的意識心來掌握。凡是能夠用語文表現的，不管多動人，都不是禪！」

# 23 佛的舌頭

有一句禪詩：溪聲盡是廣長舌。溪水聲即是佛的教法。

佛有廣長舌，他的教法廣爲流傳，從源頭活水，澤被四野，永遠奔流，不停地流轉，從不住著。溪水聲是佛在教導我們「此時此刻」。

自然之美無處不在。就像我現在所處的印尼山區，望出去是綠油油的山坡，棕櫚和芭蕉在陽光下閃閃發亮，澄黃的蜂鳥在花朵前搧著翅膀，河流拍打峽谷。山脊上雷鳴隆隆，起風了，一滴，兩滴，無數偌大的雨滴打在屋頂和陽台上，雨勢轟然，山谷河水驟漲，沖向灰色的山壁。這一切是如此生動，生意盎然，向我們歡唱著，永無止息地教導——只要我們傾聽。

如果我們能讚賞大自然的壯麗，爲什麼不能平等讚賞所有人？我們可以欣賞每一朵花，爲什麼不能欣賞每一個人？那些你所忽視的人、厭惡的人，你覺得沒水準的人，疏遠你的人，傷害你的人，你的夢中情人，幫助過你的人，背叛過你的人，你受不了的人，你既不喜歡也不討厭的人，無數你從未見過的、明天將遇見的人。

每個人，每個人，**每一個人**——每個人都是最初、也是最後的那個人，每個人都是我們的老師，每個人都是一個世界、一個宇宙，是佛的廣長舌，是禮物，是首歌，是覺醒。回到此時此刻，回到眼前這個人，敞開心胸，傾聽！

我們餐風飲露。雲層散開，露出連綿的山巒。接著天色再度轉暗，雨勢不減，好像會一直下不停。雨水自陡峭的山坡匯爲山澗，溪水暴漲。

佛的廣長舌，一直在說法，要我們敞開心胸，面對生命的奧妙，每一口呼吸都在向我們耳語：珍惜每一個生命！

# 24 懺悔

（1）

懺悔法門是禪法的核心，長期以來是我宗教生命很重要的一部分。它是在處理我們心中那些自己未必弄得清楚、卻會受到困擾的事物。修行懺悔帶給我力量和勇氣，幫助我敞開心胸、擴大心量。

我十四歲就開始在新加坡光明山普覺禪寺拜懺，農曆每個月二十七號，我們都會在觀世音菩薩像前拜懺。千手千眼觀世音菩薩是慈悲的化身，光明山普覺寺的觀音像雖沒有千手，卻也不少。這尊觀音像相當大，超過二十呎高，手臂伸展寬幅也差不多如此；材質是白色義大利大理石，安置在一個很大的基座上，四週鑲著那種很像你會在核子潛艇或是太空船上、要不就是前衛夜店裡看到的紅色燈泡，顯然所費不貲。

不用說，這尊聲勢驚人的觀音像著實抓住了一個十四歲少年的想像：那引人注目的形象，明顯是爲了要成就偉大的善行，或許還會創造奇蹟呢。而觀世音菩薩之所以有千手千眼，是因爲雙眼和雙手不足以度化所有眾生，他需要更多手眼。

站在觀音菩薩前，我們頂禮跪拜，首先承認自己所做的一切傷害眾生的行爲，並且發願幫助眾生。大家一起以宏亮、攝人心神的音調，慢慢地唱誦著十大願：

南無大悲觀世音，願我速知一切法。
南無大悲觀世音，願我早得智慧眼。
南無大悲觀世音，願我速度一切眾。
南無大悲觀世音，願我早得善方便。
南無大悲觀世音，願我速乘般若船。
南無大悲觀世音，願我早得越苦海。
南無大悲觀世音，願我速得戒定道。
南無大悲觀世音，願我早登涅槃山。

南無大悲觀世音，願我速會無爲舍。
南無大悲觀世音，願我早同法性身。

一開始拜願唱誦得很慢，然後隨著一旁引磬的節奏慢慢加快，有如海潮音，聲聲相續。我們繼續唱誦：

我若向刀山，刀山自摧折。
我若向火湯，火湯自枯竭。
我若向地獄，地獄自消滅。
我若向餓鬼，餓鬼自飽滿。

我若向修羅，惡心自調伏。
我若向畜生，自得大智慧。

接著稱念「南無觀世音菩薩」聖號十遍，最後一遍逐漸放慢速度，然後誦念梵文音譯的《大悲心陀羅尼》（大悲咒）。其實不需要知道梵文內容的意思，大悲心自然溢滿心中，打開了我們的胸懷，使人不禁落淚，困擾著我們的一切彷彿被洗滌，我們躍入慈悲的大海。這個儀式有薩滿、福音派和宗教復興派的味道，幾乎像訴說著宗教靈言，聖靈充滿。數百人一起持誦《大悲咒》二十一遍，繞殿而行，於動中持續誦念。

這是我年輕時候的拜懺。

（2）

在菩提閣隨松年師父出家後，我仍持續拜懺，松年師父要我每天向觀世音菩薩拜三百拜。我站在佛龕前，低首合十，持誦觀世音菩薩名號，懺悔過去一切過失和造成的傷害，不管是直接或間接的，我誓願不再重複同樣的行爲、語言或想法，並發願幫助一切眾生。

只要有空，我就會拜懺，通常是在晚上松年師父回房後。三百拜做下來要兩小時，可不是輕鬆的事，拜得我汗流浹背。這是一個淨化過程，像是一種宣洩，淨除我所有負面之物。拜完後，身心清淨，彷彿內心得到和解，產生新的評價。

（3）

懺悔的「懺」，意思是努力向前，如果覺得讓自己和別人失望、有待改善，就必須全力以赴；「悔」的意思是超越、度過。

佛教的懺悔有時可以是很個人的，通常你必須向被你傷害的人致歉。

我在澳洲念書時，有一個來自台灣的女生跟我禪修，她和母親關係很不好，兩人常起爭執，最後彼此都覺得受傷。我的學生是獨生女，小時候父親就離家和另一個女人在一起，或許是爲了補償女兒生活中缺少父親，她母親變得很喜歡管她，包括她要穿什麼樣的衣服，要吃什麼、喝什麼，可以交什麼朋友、不可以交什麼朋友，何時要回家、何時要出門，可以跟哪個男生約會、不可以跟哪個男生約會，還有她要選什麼科系等等。

這位母親對女兒的控制可說是沒完沒了，女兒長大可以自立後，再也無法忍受母親無休止的嘮叨，於是兩人每天吵架，吵了就哭。

嘮叨，嘮叨，嘮叨。

吼叫，吼叫，吼叫。

吵架，吵架，吵架。

後來這位母親得了重病，但即使到她住進醫院，她們都不肯原諒對方，不曾和解，一直吵到最後。

在母親過世後，做女兒的很傷心、也很內疚，根本無法專心打坐。

我建議她去母親的墓地，「跟她說你爲你所做的種種感到抱歉，並且告訴她你愛她。」我教她：「可以做大禮拜，全身貼近地面，頭和雙手著地，

懺悔，是承擔起自己的行爲所帶來的一切後果，面對自己人性的不完美和缺點。（照片提供／李天民）

親吻大地，然後擁抱墓碑，如果墓碑上有母親的照片就親吻照片，試著和解。首先原諒自己，跟自己說對不起，因爲沒有能夠更加地慈悲和關懷，以致做出種種傷害自己的事，喚起心中愛和寬恕的感覺，然後原諒她。你在這樣做之後，就把每個人都當作自己母親一般對待，讓你對她的愛表現在言語和行動上。」

聽完，這學生哭了，後來也眞的照著我的建議去做，在她母親墓前大哭一場。經過這番宣洩，她覺得猶如新生。她做完懺悔，超越過往，重新開始。

懺悔需要勇氣，眞正面對自己，爲自己造成的傷害負責。懺悔，是承擔起自己的行爲所帶來的一切後果，面對自己人性的不完美和缺點。

（4）

如同我學生的例子，懺悔通常要面對的是自己的憤怒。當我們生起氣來傷害到別人，大部分人最終都會爲自己的所作所爲感到抱歉。對那些曾經被我們傷害的人，我們生起愛與慈悲來懺悔。

怒火就像火山爆發，熔岩四射，任何人碰上都會被灼傷，留下疤痕。當我們在氣頭上，說起話來怒火中燒，舉動也是怒氣沖沖。而等到爆發結束，怒火平息，就會開始懊悔：**爲什麼我會那麼生氣？爲什麼我要說出那樣的話？我就是控制**不了自己！

當我們心中充滿了憤怒，在傷害他人的同時，也會傷害到自己。拋開憤怒，別再生氣了吧，爲了自己，在心中生起愛與慈悲。

然後，對那些曾經傷害你的人，生起同樣的愛和慈悲。他們那樣做是出於無明，或是深陷自己的貪心、欲望和追求而無法自拔。我們眞的很無奈、也很可悲，糾結於自己的無明、貪欲、渴望、衝動、偏好、嫉妒、羨慕等等……，清單長到不見盡頭！這些特質令人飽受煎熬。我們迷失在龐大的妄想雜念中，爲自己的好惡所苦。

一旦發現我們自己竟然如此可悲，就會懂得謙卑與寬容，這也是懺悔的一種表現：原諒自己，也學會原諒別人。

（5）

我們在佛前懺悔，以佛爲焦點，幫助我們找到中心、回到自己。佛是慈愛和力量的泉源，像一面透鏡，將我們的覺察聚焦、不會散逸。佛使我們專注，給我們帶來啓發，提醒我們每個人內在都是佛。佛揭示了皈依處。

皈依，是佛教的核心。「皈」是回轉，轉爲純淨。無論我們有多大過失、有多少污點，都可以回頭重新開始。只要孩子回頭面對父母，爲他的所作所爲道歉，父母都會原諒他。

回過頭來，看看自己，你是眞正的皈依處。向內看，看內在的佛。

「依」的意思是依循，就像依循著地圖或足跡。我們華人不喜歡抱怨，我們反躬自省，試著從內心下功夫來解決問題。我們循跡來到皈依處。

懺悔和皈依，帶領我們到安全的庇護所，回到我們的自性——一個清明安全的所在，在那裡我們可以完全做自己，充滿發自內在的喜悅，自由展現我們最好的一面而不會恐懼、不會帶著自我意識、也沒有私心。

當我們在佛前跪拜，我們體現了克己和謙卑。放下一切，全心懺悔，我們擔起責任，將怒火和仇恨轉化爲愛與慈悲，我們皈依。然後，展開新的生命旅程。

# 25 忠誠

從前，有個富有的老人有四個妻子，他在臨終之際，叫來最年輕的四太太。

「我一向寵愛你，凡是錢能買到的我都可以給你，」他說，「你是我晚年生活最大的快樂。現在我就要離開這世間了，你可以跟我走嗎？」

年輕美麗的妻子以冷淡的憐憫看著他，「原諒我，但我還想享受生活，我還這麼年輕呢！」

老人叫來三太太，他看上她的時候，她是家中僕人之一。「我冒著失去名譽的風險，帶你離開那一無所有的生活，現在我快死了，你會追隨我到下一個世界嗎？」他問。

「我們共度了一段好時光，我很感激你，」她握著他的手回答，「你給了我比夢想中還要好的生活。但是很抱歉，我還想繼續享受它呢。」

老人又喚來二太太，她的凍齡令人吃驚，看起來容光煥發，秀髮也依然烏黑亮麗。她爲他生了幾個孩子？他在這彌留階段已經記不清了。他們已經有很多年沒有親密地相處。

「你還記得我們剛認識的時候嗎？」他說，「那時我還年輕力壯，我們度過許多美好的時光，我也給了你富貴榮華，現在我就快不行了，你願意跟我走嗎？」

她笑了，「你不知道這些年來我和鄰居老李相愛嗎？很抱歉，但你死後我就自由了，我打算嫁給他。」

老人請他的大太太過來，人還沒到他就打起盹來；醒來時，她坐在床邊。在她臉上的皺紋和灰髮之下，依稀可見當年那個安靜、沉穩、處事得體的少女。他倆的婚姻是年輕時訂下的媒妁之言。

「我年少時的妻子啊，」老人說，「我們在一起這麼多年了，我很快就要走了，你會跟我一起走嗎？」

她想了一會兒，「你對我不忠實，」她說，「我為你操持家務，打理一個舒適的家，但你不曾珍惜我為你所做的一切，不僅揮霍財產，視我為理所當然，還討了其他老婆。然而，我慢慢學會接受身爲大老婆的生活，認眞掌管這個家。現在，既然最終你回頭來找我，而我一向忠誠奉獻，我會繼續這麼做的，我會一直陪著你，至死不渝。」

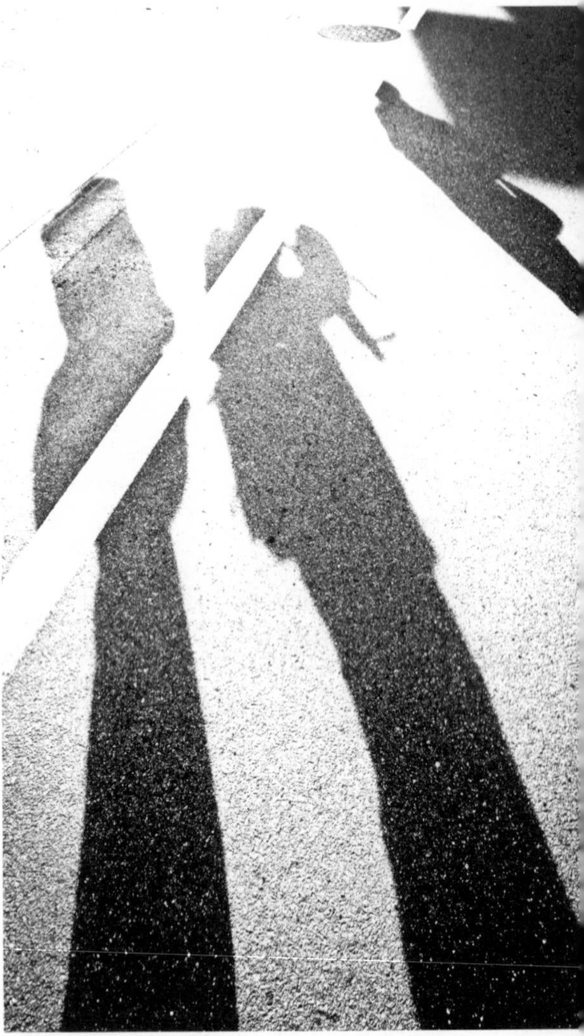

忠誠的是你的呼吸和當下這一刻。
（照片提供／黃仲庭）

這個故事告訴我們什麼？

以禪的眼光來看，最年輕的太太，代表那種可以和你在順境中同享富貴、卻無法在逆境中共患難的朋友。

曾任家僕的三太太象徵財富。你所擁有的財物，很快就會爲他人所有。二太太代表的是權力、身份和地位。在你死後，所有這一切都會被其他人接收。

忠誠的大太太，是你的呼吸和當下這一刻，即使你一而再、再而三地背離它們，視它們爲理所當然，它們仍然永遠與你同在。

# 26 視為理所當然

我們把許多事情視爲理所當然。

用手摀住自己的鼻子和嘴，很快你就會覺得好像快窒息。難道我們非要等到無法呼吸時，才能眞正珍惜我們的呼吸嗎？呼吸是如此的重要，如此奇妙、如此美好！我們能夠呼吸是多麼幸運啊！

被我們視爲理所當然的，還不只是呼吸。只有當我們即將失去某些人——或在失去他們之後——才會明白他們對我們有多重要。當我們想起他們，有多少次心裡不是充滿了思念和追悔？

請不要將你的生命視爲理所當然，善用每一個契機，善用每一刻，珍惜每一個呼吸。感念人身難得，把握當下這一刻，每個當下都無比珍貴！當這一刻過去，還會再回來嗎？好好珍惜每一口呼吸。

# 27 為自己取暖！

心靈的本源，是自然如實、一絲不掛。

體驗到這種狀態，是我們在進入深的禪定時，內在之旅所經過的一站；在禪門，我們稱它爲轉捩點、融化點、起始點、轉化點。你來到那個最初的地方，所有一切皆脫落，然後你更上層樓。在那個狀態中，你見到如實、一絲不掛的你。

你像個新生嬰兒般毫無抵抗力，無法保護自己，這時有種恐懼──巨大的恐懼，自我已無所遁形，你想要披上衣裳遮掩自己。在這兒抓不到任何東西，就像試圖在太空中站立一樣。無常的本質是如此眞實、如此鮮明，像一道極爲敏感的新傷口。

當來到這融化點，你失去了自我。猶如來到一個奇特的國度，而你遺失了皮夾、護照、金錢、鑰匙和衣物，又不會當地語言，置身在一個陌生危險的地方，遠離親朋好友與摯愛。你孤身一人，赤身裸體，寒冷無依。你得設法交朋友，幫自己取暖。

佛陀說我們必須做自己的朋友，不請自來的朋友，沒有任何條件，只是全然接納。當無物可依，當我們感到疏離、孤立、孑然一身，佛陀說要生出這種友誼。這不請自來的朋友知道你身處危難，不需要開口請託，就伸出援手給予協助和安慰。

要友善，擁抱你的生命。善待自己，原諒自己，完全接受自己，跟自己做朋友。要毫無保留的欣然接納自己，不帶偏見或評價，懷著能夠融化一切、帶來生命力的溫暖。

# 28 時刻長相左右

我們一直從一點移動到另一點，不停地轉換、不停地變動。我們躺下睡覺，睡醒起身，我們坐下，站起來，走路，伸展身體，舉起杯子到嘴邊，喝水，放下杯子。我們持續不斷地改變，從這一刻到下一刻，從不停息。

我們靠飲食和呼吸空氣維生；進去的，勢必要出來。我們吸入空氣，這口氣能一直留在體內嗎？我們把食物吃下肚，然後呢？活著，就必然會持續變化，持續地活動。

我們不可能停住不動，事實上我們抓不住任何東西。這需要多大勇氣啊！

佛陀所教導的無常的道理，一直都在我們身邊，就在我們呼吸的空氣和吃下去的食物當中；親切得就像風吹動樹葉、拂過我們身旁，匆匆去向何方？我們的星球繞著太陽運行，而太陽在寰宇航行。新月初升，接著滿月當空，而後隱匿繁星之間。我們從未離開這教法，我們從未背離，它取之不盡、用之不竭。然而，我們卻總是在設法尋找它們——即使它們無所不在，遍及一切，時時刻刻與我們長相左右。

# 29 天空之心㈡*

如此遼遠開闊
那先人的教導
祖師一脈相傳
鴻蒙太空

編註：
＊天空之心㈠出現於《愛，從呼吸開始吧！》第一二一頁。

廣漠無涯

暴雨，戰機
星球與星系
天空不爲所動
安然自若
兀自沉靜

無所障蔽

無有執取

（照片提供／邱怡華）

## 29 天空之心（二）

一切不住
自在，安詳，寂靜
雷電咆哮
鳥鳴啁啾
七四七呼嘯而過
包容萬物
擁抱一切
無法切割，不能擊碎
全然地敞開

坦蕩磊落

充滿無限可能

修練

**寂靜**

# 四 入世

雲巖曇晟煎茶次，

道吾宗智問：「煎與阿誰？」

師曰：「有一人要。」

曰：「何不教伊自煎？」

師曰：「幸有某甲在。」

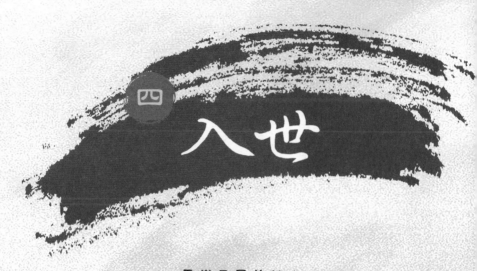

# 30 魔軍

多年前我曾學過開車。

「你看起來很輕鬆嘛，好像沒什麼事會讓你緊張。」這是汽車教練下的評語。那倒是眞的，就算我差點把車開去撞樹，也還是很放鬆！還好我及時剎車。

教練都快嚇死了。

我看著他，笑了出來，「抱歉啊。」我說。

「你怎麼還能這麼鎮定？我們差點撞車耶！」

「因爲禪修啊，你應該叫你所有的學生都來禪修。」

人生不也如此？當我們面臨危險或困難時，通常我們都知道該怎麼做——踩剎車，避免撞上。所以爲什麼要害怕呢？如果出現問題，解決問題就好啦，可是我們往往操一大堆不必要的心，把自己弄得緊張兮兮。

禪修中，我們會繞著禪堂做快步經行，禪師一邊吼叫，一邊拿香板追著你又打又踢。

這些禪師可能會很無情，「快！快！快！」他們大喊。你不去想如何反應，只是好好地做，以跑得更快來回應。禪師用香板打你，你不用害怕也不要分心，就只是快跑，跑得再快一點，把一切拋在腦後。如果他從後面追

禪所教我們的，是在艱難困苦中依然泰然自若。（照片提供／岳貢）

你，你就加快速度，快，再快！你不揹負任何東西，什麼也別抓住。爲了跑得更快，你拋開一切，對與錯，好與壞，爲什麼是我？何時才能結束？爲什麼發生這種事？我辦不到！太不公平了！好痛苦！——所有這一切，通通丟開，拋到腦後，把它放下，什麼都不能束縛你。就像跟著一群野生動物狂奔，有一些會脫隊，倒在一旁，不要在意，只管跑你的；有些人跌倒，你就像跳過小溪一樣躍過他們。即使全速奔跑，仍然要放鬆身心。你在烈日下奔跑，呼嘯的風是你的呼吸，雨滴是你的汗水；你上氣不接下氣，大汗淋漓，只是不斷地跑，快，再快！禪師拿香板打你，你還是只是跑，快跑，再快一點！禪師打你踢你，你連想都不想，拋下揹負的一切，丟開它，全力衝刺！飛奔！「停！」禪師大喊，用香板在地上石破天驚地用力一擊！一切靜止。寂然無聲。

這是我所受過禪修訓練的其中一部分。許多我曾追隨學習的禪師才不跟你客氣呢，想都別想他們會幫我覺得好過一點。他們要訓練我的是，無論遇到任何令人不舒服的狀況，都能面對處理。

世事豈能盡如人意？禪所教我們的，是在艱難困苦中依然泰然自若。

魔王知道佛陀坐在菩提樹下即將證悟，於是率領百萬魔軍，架上弓箭長矛，但佛陀不爲所動。

於是魔王改變技倆，派出他年輕貌美的女兒們在佛前起舞，褪去羅裳，企圖誘惑他，可是依然沒用。

現在我很感激那些嚴格指導我的禪師們，事實上他們展現的是大慈悲，那些吼叫、責罵、拳打腳踢，都是出於愛心。當我們面對艱難、當我們全心投入這不完美的世間，而魔王領著魔軍出現，唯有在那時，才是眞正禪修的到來。

禪，不是坐在蒲團上感覺快樂無憂；反倒是，伴隨著世間的傷痛與沉重，禪，就在那裡生起。

# 31 開放的心胸

六祖慧能證悟之後，逃離了因嫉妒而追殺他的僧人，躲進山裡和一群獵人住在一起。慧能大師不會打獵，所以他們叫他去廚房煮飯。宰殺動物以取得食物，有違佛教不傷害生命的戒律，但你想他烹煮的是什麼？難道是豆腐不成？這位傳承禪宗法脈的祖師，是怎樣讓自己去適應這種有違他誓願的生活方式？在那種可能讓人不太舒服的困難環境下，他又是如何跟獵人們做朋友、彼此和睦相處呢？

慧能選擇和獵人們一起生活，代表他能夠適應不同狀況，這是禪在本質上具有的彈性和開放。慧能沒有貶低獵人的生活方式，他跟他們做朋友，成爲團體一份子，完全融入他們的生活。

聖嚴師父也曾經歷類似處境，他以前曾在軍中服役十年，擔任文書和行政工作。在這段期間，他雖然暫時還俗，但仍持續學佛、撰寫佛教方面的文章，他心中還是想當出家人。他將那處境轉變爲學習的機會，並且獲益良多。

如同六祖慧能，我也曾有過一段「住在獵人堆」的時期。那時我還年輕，已經出家，在澳洲墨爾本的蒙納殊大學（Monash University）攻讀心理學和社會學，我刻意想體驗和「獵人」一起生活的經驗，所以決定住在一般

# 31 開放的心胸

大學宿舍。

那些年輕人喝酒、吸大麻，跟不同人上床，常常開派對鬧到深夜，一個個爛醉如泥，躺在地上成灘的嘔吐物之間。清晨，我小心翼翼跨過他們身軀，他們的臉色很嚇人，散發著一股酸臭味，而前一晚看起來還那麼的光鮮亮麗。

這種環境強烈的提醒我，我們生活在輪迴中。我對他們這些行爲的看法是——這就是人生！

一開始，宿舍裡的同學對我感到很好奇，也抱著一點戒心，這個不喝酒不嗑藥不吃肉、持守獨身的僧人，幹嘛住進他們這酒池肉林？是來打探他們，還是想來傳教或改變他們的信仰？

過了好一段時間他們才開始信任我，當他們發現我不會去下評判，就開始跑來找我，我的房門永遠半開著。他們來找我諮詢，不管他們是什麼樣子我都如實接受，我不會把我的標準或信念強加給任何人。我幫助他們發掘自我，跟他們做朋友，我從來不會要他們怎麼做，他們的言行也不會擾動我屋內的平靜。

我在宿舍只住了一個學期，那已經足夠了，所以後來和幾個同學搬到離校園不遠的住宅。我必須搬走，因爲畢竟我在教禪修，會有佛教徒來拜訪我，而宿舍的情形把他們嚇壞了。無論如何，那最後一根稻草，是在學年當中的一個假期，學生都放假回家了，我的婆婆來探望我。她看到每個架子上都像擺滿獎盃似的堆了成打空啤酒罐和酒瓶，差點沒昏倒，我猜她原本以爲生活有很多面向，佛陀不會給你一個固定不變的答案。
（照片提供／岳貢）

會看到架子上都是書吧。一本色情雜誌大剌剌地攤在咖啡桌上，她完全說不出話來，我知道該是離開的時候了。

在這段期間，我學會要有彈性並且保持開放的心胸；如同六祖慧能，我學會適應。生活有很多面向，佛陀不會給你一個固定不變的答案，告訴你什麼是對是錯、是好是壞。把我們自己的標準強加在別人身上，並不會帶來一個更和樂的世界。

我們不應該因爲我們自己覺得該如何過生活、或是對別人該怎麼生活有很強烈的看法，就自我設限。佛教不懷歧視，我們不做評判、不帶偏見或自以爲是，我們不會認爲自己比他人高明。

有句話說，「本是同根生，相煎何太急。」這很禪！當右手拿著鋤頭，不慎敲到持著釘子的左手，左手可不會報復、予以反擊，它會讓右手握著它，幫它揉一揉、減輕疼痛。

我們置身輪迴，這就是我們所在之處；不能認知這一點，就無法善用當下此時此刻。盡情擁抱生命吧，連同其中一切缺點和幻相一併擁抱；擁抱我們之間的差異，這在今日尤其重要。封閉的心胸，只會障蔽學習和成長的機會，扼殺世間的美好與活力。

敞開心胸，打開心門！

# 32 反應／感應

我們經常會弄不清楚「反應」（reacting）和「感應」（responding），以致造成不少麻煩。英文這兩個字略有不同，但不像中文裡面兩者意思相反。

反應的意思，就像搧風點火。「反」是相反，「應」是合乎、相應。反應，可以用牛頓第三定律來想：所有作用力，必有一個相等的反作用力。你向山谷大喊，會有回音；甩人一巴掌，你自己手也會痛；朝天吐口水，它會落回你臉上。

讓別人能夠接近你，和他們產生共鳴，跟他們一起呼吸，與他們同在。去感應。（照片提供／岳貢）

感應的「感」是感覺、領會、合拍。因此感應是指心領神會、若合符節，調整到契合、而不是互相反對，意思是去感覺並且產生共鳴。它有一個相關詞「相應」，意思是共同感受：心心相印，心意相通。

我們多半是做出反應、而非去感應，這樣做只是搧風點火，然後再抱頭亂竄拚命滅火。如果覺得有人強迫我們，我們通常會反彈回去；覺得被傷害了，就以牙還牙。當我們想靠近別人，偏偏跟別人對立；當我們想被聽見，卻對人吼叫；明明想要被擁抱，卻張牙舞爪。

當你發現自己開始在做反應時，回到當下，放鬆那分別心，平息心中所有那些認為「我在這裡，你在那裡」、「我對，你錯」……，種種緊抓不放和想要排斥的心。

讓別人能夠接近你，和他們產生共鳴，跟他們一起呼吸，與他們同在。去感應。

# 33 賦予生命意義

我住在紐約的時候，走在路上經常有街友跟我要錢。我所發過的大乘菩提誓願對於解除痛苦這一點說明得很清楚：任何時候，只要有機會，我們都應該幫助別人。然而，如果街友用我給他的錢買酒或毒品呢？長遠來說，這樣只會更增加他的痛苦。

禪會區分「想要」和「需要」。酒和毒品不是我們生活必需品（不管有些人會怎麼跟你說）。對於人們「需要」的，我們永遠要試著幫助他們，但他們「想要」的，就是另一回事了。

「你需要錢做什麼用？」我問。

「我今天沒吃東西，我餓了。」這是通常的回答。

「我不能給你錢，但是如果你願意，我可以請你吃東西。」

通常這個提議都會被接受，於是我陪著這些生活慘澹的人去喝咖啡、吃甜甜圈。

「你還要不要再來一個甜甜圈？」吃完以後我會這樣問他。

禪講的不是同情，而是體會。同情，隱含著分隔、恩賜和憐憫之意，好像我們比別人高一等，自認我們的生活怎麼樣都比他們好一點。禪不去區分我們的或他們的生活，這是整體的生活、整體的經驗，是一個整體。我們感受到世間的苦，能夠體會他人感受，而想幫助別人。

我看到一篇記載發生在剛果的暴行，不由得落淚。其中 Masika 的故事特別讓我感動，使我發願有一天能去非洲試著推展愛與和平。

Masika 的家就在內戰的烽火線上，有一天士兵闖入她和家人藏匿的地方，在她面前殺死她丈夫，而且逼她吃他的肉，然後在他被肢解的軀體上強暴她，還強暴了她兩個年幼的女兒。

Masika 滿懷復仇的怒火，她的痛苦如此強烈，不難理解她曾想自殺。然而，慢慢地，她開始轉化。她發現剛果有很多女性跟她有相同的遭遇，她們的丈夫孩子被屠殺，家園被焚毀，身邊一無所有。

Masika的痛苦使她生起慈悲心，她成立了支援團體，幫助和她一樣蒙受戰爭恐怖經歷的婦女。

Masika是一個極爲少數的例子，不是每個人都能有這種聖人般的寬恕和慈悲，但是我們可以盡力而爲。

聖嚴師父病後，拒絕做腎臟移植，這讓他的弟子和信眾感到很難過，因爲動手術有可能延長他的壽命，但他認爲應該將可用的腎臟留給有需要的年輕人。

我們感受到世間的苦，能夠體會他人感受，而想幫助別人。
（照片提供／岳貢）

我們永遠可以選擇以慈悲待人。

讓 Masika 繼續活下去的力量從哪裡來？

佛法講的是轉化，這是它的主要目標，也是佛陀在看到世間苦難時所尋求的，因此用佛法來幫助人們超越痛苦。這也是爲何雲門禪師說：「日日是好日，時時是好時。」一切機會都是好機會。

什麼機會？去轉化我們的經歷。打開心胸，回到當下，生起覺照、慈愛、寬恕和慈悲。

我們爲自己的生命賦予意義。要過得快樂或悲傷，由你決定，由你自己定義。你寫下自己的生命故事，沒有人能幫你寫。

# 34 你已得到它！

我們必須努力。所有值得擁有的東西，都必須付出努力才能得到，它不會自動出現。

現代社會已經不再重視耐心，失去了勤奮的美德，我的學生想要速成的開悟。你越想得到它，它就越難捉摸。有一個或許可以讓人覺得好過一點的悖論：當你了解你無法得到它時，你已經得到了它！

這就是我們心的運作方式。每當我們發覺自己缺乏耐心，就能變得更有耐心；當我們發現自己沒有好好努力，就會更勤奮；承認自己不夠慈悲，就能更加慈悲。

當我們發覺彼此距離遙遠，就會去拉近距離；當我們知道自己使別人產生敵意，就會開始去建立友誼；當我們發現彼此失去聯繫，就會開始跟對方聯絡；當我們覺得對不起別人，在那一刻，就可以開始彌補。

問自己爲什麼做不到，就是智慧的開端。當我們發現失去它，其實反而已經得到它；而當我們覺得很高興自己能做到，便已開始失去它。一旦你發現自己得到了它，它就消失了。

# 35 學著去感受

經常會有人問候我們：「你好嗎？今天覺得怎麼樣？」我們的回答可能是我們很好、或是頭很痛，或者心情很好、心情不好，或是我們很難過，因爲我們養的小狗不久前往生，或是小孩在學校有麻煩，所以我們很擔心，或是因爲親人生病，心情很亂⋯⋯。

日復一日，年復一年，我們都是處於這種心理狀態，而誤以爲那是我們眞正的感受，直到我們再也不知道如何眞正去感覺。

你能感覺到自己嗎？你能感覺自己在看、在聽、在碰觸嗎？你是否能感受自己的聲音？感受自己的呼吸？能否感覺自己的血液流動、眼球運轉，或者閱讀這段文字時的頭腦運作？你能感覺到自己身體上幾乎察覺不到的微細動作嗎？

當你走在戶外，是否感受到陽光？感覺微風吹過臉龐？感覺踩在大地上？你有沒有和環境連結，覺察環境？還是只顧糾結在自己的情緒當中，忙於妄想雜念？

回到當下吧，感受你的生命！這是你與生俱來的權利，也是爲什麼我們出生在這世間。把心胸打開，走路時，感受腳下的大地，感受空氣吸入鼻孔、進入喉嚨、充滿肺部，感受微風拂過肌膚，感受溫暖的陽光。

若沒有這種覺知，我們很快就會覺得日子無聊、生活單調乏味。當下這一刻和呼吸，將我們與世界連結；有了它們，我們就能感受到生命的精采。我們以開放的心胸面對生命的潛力和可能性，每個瞬間都無比莊嚴獨特，我們會想要幫助別人、爲別人服務。當我們眞正去感受，就會感到萬物如此親切。

# 36 擁抱僧人

我們用「沒有執著」（nonattachment）來形容禪所養成的心境——清楚靈活的覺知，而不是用「去除執著」（detachment）這個字眼。英文「detach」的意思是抽離、切割，意味著要除去什麼、甚至是無動於衷或冷漠，這完全不是禪「沒有執著」的意思。沒有執著，是指沒有被染污、不受侵擾，含有清澈明淨、自由自在、生動活潑之意，是饒富創意的境界。

以下這則禪宗故事，告訴我們「去除執著」和「沒有執著」的差別：

## 36 擁抱僧人

有一位深入禪修的老婦人在山裡有間小茅屋，她將屋子提供給一位僧人做爲閉關之用，也由於衷心護持他的修行，她每天都爲他做飯，然後叫自己的女兒送過去。

她的女兒是個美麗的少女，有一天早晨出發送飯前，老婦人對她說：「你把飯菜給他之後，去抱他一下。」

女兒回家後告訴母親：「我照您說的去抱了那位出家人。」

隔天，婦人來到小茅屋，她問：「昨天還好嗎？」

「我在打坐。」他說。

「還有呢？」

「你的女兒來給我送飯。」

「然後呢？」

「她抱了我一下。」

「感覺如何？」

「枯木倚寒岩。」僧人回答。

「我竟然一直在供養一塊石頭！」老婦人大喊。她用掃把將僧人趕出門，然後一把火燒了小茅屋。

爲什麼老婦人那麼生氣？她爲何趕走那位出家人，還放火焚毀小屋？

很顯然地，那位僧人非常用功修行，處於出離的狀態。他去除了對世間的執著，拋開一切，遺世獨立。對他而言，那位年輕美麗的女兒只是個「枯木」，而他是塊「寒岩」——寒冷的岩石，兩者之間毫無感覺。

這是眞實的人生嗎？

不是。

那什麼才是眞實的？

禪，是清楚的覺知。有覺知，就是更清醒地活著。禪的覺知，是全然活在當下。

當別人擁抱你，你有什麼感覺？至少你會感受到身體貼近以及對方的溫度吧，就這麼簡單：兩個身體靠近，感覺到體溫。

禪，是眞實的當下此刻，很實在也很自然，簡單而平常。
（照片提供／岳貢）

焚毀小屋是個指標，指向通往眞理、證悟之路。在這裡，這個指標指引我們離開造作和籌謀，告訴我們不要把自己弄得太複雜！

那位僧人的心境不是處於當下此時此刻，而是在其他地方；他陷入一種思惟，以爲修行是活在另一個時空維度。那是幻想，是在發呆，是出於害怕眞實人生而產生的臆想世界。

我們把心凍結，以躲避自身的無常和生命中無窮的煩惱，耽著在夢想和幻境中。或許動機是好的，甚至可能是出於高遠的志趣，但是不論我們多麼陶醉於這樣的動機，想用這種辦法來達到心靈成長，一點也不「禪」！禪，是眞實的當下此刻，很實在也很自然，簡單而平常。

我在漢城禪修時，也曾有過這種「被擁抱」的經驗。那時有一位少女常來寺院，她如電影明星般美麗醒目，很難不注意她。

沒想到，有一天她忽然過來抱住我。

「Sarang heyo, Sunim!」她用韓語對我說。我正在學韓文，知道「Sarang

heyo」的意思是「我愛你」，而「Sunim」是一句敬語，是對法師的尊稱。

我對她微笑，「我也愛你，」我跟她說，「但我更愛所有眾生。」她哭了起來，我拍拍她肩膀。

我並不後悔做這個決定，也不後悔決定（大致而言）放掉這類的執著。我不喜歡被束縛，也不希望自己只屬於一、兩個人；我的承諾，是爲所有人奉獻。

當你開始修行，會變得更清醒、更敏銳，不僅對自己如此，對整個世界亦然。出家人必須醒覺，並且不被異性或自己的欲望限制了覺知。

眾生躍動的心念，創造出世間種種變化。你可以感受到他們的狀況，他們的掙扎、希望、需求和欲望。我們都是如此的迷失，同時也是如此的美好可貴。

我們必須持續地回到當下。如果緊抓著教條，會障蔽了心靈的融通。要回到此時此刻，回到你自身的體驗，不要分不清「去除執著」和「沒有執著」的差別。拿起你的掃把，將冰冷陳腐一掃而空。然後，放把火，燒了你的茅屋。

# 37 入世

松年師父生前曾說過想重建菩提閣並將它擴大。他把想法畫成草圖，還跟建築師說他要在工地坐鎮監督進度，但終究未能實現。松年師父想將菩提閣改建爲佛學院，當時新加坡還沒有這樣的地方，出家人如果想念佛學，得去國外上課。

二〇〇九年，一個因緣到來，終於可以展開這項興建計畫，完成松年老人最後的心願。有一群生意人來找我，願意提供經費和協助；他們一直催我儘快開始，他們說，再拖下去他們就太老了，不會再有那麼多資金和現在的影響力跟人脈。他們跟我保證會全力負責到底。

他們顯然有足夠的財力，一開始就捐出大約一百五十萬新加坡幣（約三千三百多萬新台幣）的種子基金，是總預算的十分之一；然後他們開始募款，我們也聘請了一位建築師。我當時在澳洲雪梨讀碩士，除了要往返雪梨和新加坡參與開會討論，還有不分晝夜開不完的網路視訊會議。

我參考了兩百多本有關建築和室內設計的書籍，我想興建一座兼具現代和傳統風格、實用而不失品味的道場；它的設計要有禪風，同時能體現漢傳佛教的教法與精神。我希望它有現代感，並且符合環保理念，代表佛教將邁向二十一世紀。

一切按照計畫進行，原先老舊不堪的寺院建築被夷平，在我帶領下，寺內的出家眾一起搬到臨時住處。

接下來發生的事就有趣了。這群出資人帶我去見他們所謂的「兄弟」，約好晚上在餐廳碰面。我和我們寺院的副住持一同前往，他看得目瞪口呆！桌上有好幾條萬寶路和登喜路香煙，他們說那貴得不像話，每個人都在吞雲吐霧。晚餐有大魚大肉還有大蝦，他們大快朵頤了一番，我的副住持簡直不敢相信自己的眼睛。他們爲我們準備了素食，我的副住持雖然想吃，卻食不下咽。「放輕鬆。」我對他說，「放心，沒什麼大不了的。」後來他們開始眉飛色舞地討論桌上的各式烈酒，他更是坐立難安。他們一瓶接一瓶開酒，沒多久都喝得大醉，另外那桌鬧哄哄地唱著歌，酒氣衝天。我心想，眞是一點都不像佛教徒啊。不過，只要他們心存善念、願意行善，我覺得我應該給他們一個機會。

我想起一則禪宗故事：有一位出家人在他的寺院惹了不少麻煩，他不但會跟人打架，而且貪心又懶惰，永遠吃得比別人多、做得比別人少，常常放著工作不管，別人只好幫他做完。他的東西亂成一團，從不收拾，還會在背後說其他出家人壞話，造謠生事，而且喜歡沒事裝病。總之，他讓大家都很頭疼。

終於有一天，大家受夠了，一起去找師父：「我們再也受不了了！不是他走就是我們走。」他們說。

「我會把他留下。」師父回答。

他們下巴差點沒掉下來，「爲什麼？」大家異口同聲地叫出來。

師父平和地說：「你們都有辦法生存，可以應付得了寺外生活，可是如果叫他離開，他要怎麼辦？他哪都去不了，他可能會活不下去，因爲根本沒法和人相處，那他會怎樣呢？」

師父的話，軟化了大家的心。

就像故事裡的那位師父一樣，我提醒自己不應該從別人的行爲來評價他們。也許那些生意人平常所接觸的環境就是那樣，所以自然有那樣的行爲。如果我們帶著批判眼光，拒絕接觸那種場面，那麼，那些最有可能從佛法得到利益的人們，就會失去學習和成長的機會。我希望跟這些生意人以他們熟悉的方式、在他們熟悉的場地會面，我希望以他們慣用的言語和他們交談、以他們的頻率和他們交往，這就是菩薩道：到最需要的人身旁，發揮最大作用。

曾有人提醒我注意這些生意人的商譽問題，可是，直到新寺院破土動工，我才發現我和這些出資人在行事風格和看法上有這麼大不同。當我們的建築顧問團隊拒絕聘用他們推薦的承包商，他們便辭去了管委會的工作，並要求我歸還他們當初的捐款。

那怎麼可能！那又不是我的錢！它屬於菩提閣重建基金。捐款就是捐款，禮物就是禮物；根據新加坡法律，唯有當捐款被用於不符合原本贊助項目時，捐款人才能要求退款，而這件事顯然不是這種情形。

當心中無事，外在發生的事情就沒什麼大不了。（照片提供／邱怡華）

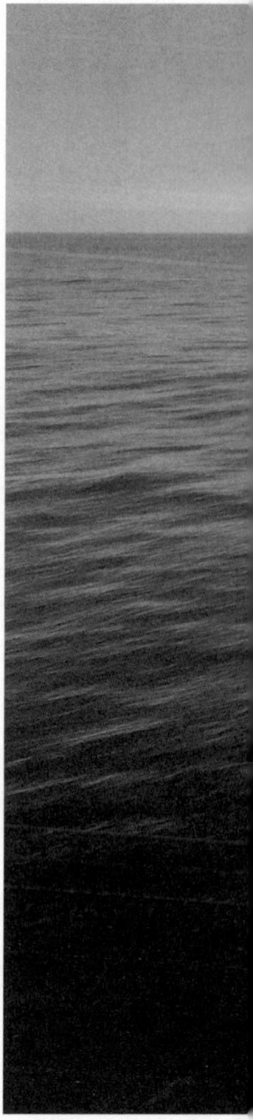

然後，就跑出很多奇怪的麻煩事。有四個律師分別寄來四封信，每封信都說，如果寺院在七天之內不退還捐款，他們就要採取法律途徑。接著就有傳言說我快去坐牢了，我的學生都很激動。

後來我被叫到中央警署配合警方調查，我跟我的律師和會計師一同前往，但警方根本不想跟他們談，只找我一個人，他們只好在外面等候；結果，一偵訊就是十小時！當他們鉅細靡遺地聽完我的人生故事，終於相信我沒做錯，才放我走。一星期之後，總檢察長寄來一封信，說明已結案。

你可能會想，這樣應該就沒事了吧。很不幸的，並沒有。總檢察長來信後不久，開始出現流言抨擊我，有人在網路上發文，並且將它傳到新加坡所有寺院，聲稱發現我和我所謂的「男友」之間的電子郵件。還有謠傳說，當我離開新加坡去帶禪修活動和演講，我就會被殺害。

我的學生們非常沮喪，這不難理解，因爲我們舊的寺院已拆除，而新的寺院建設費用高達新加坡幣一千五百萬元（約三億三千多萬新台幣），還不知道錢在哪裡，再加上接下來打官司的訴訟費用肯定昂貴，對他們來說，好像天都快塌了。

我唯一能做的，就是放鬆。當出了問題，學生慌慌張張地跑來找我，我都告訴他們：「別著急，放心，沒什麼大不了的，放輕鬆。」

佛陀說過，如果你被毒箭射中，不用去想是誰射的、爲什麼這麼做，趕快拔出毒箭並且療傷吧！我告訴學生，沒有哪個人會受到所有人的尊敬和喜愛，也沒有哪個人會被所有人厭惡唾棄；好人可能做壞事，我們不應該從別人的行為來評斷他們。有時候我們會遇到令人無可奈何的處境，感到無能為力，我們能做的就是放鬆，事情來了就處理，感應、而不反應，持續不斷地回到當下，這樣能夠支撐我們度過難關。在沒有人相信你的時候，要相信自己！沒有人愛你的時候，要愛自己！沒有人信任你時，要信任自己！

這整個事件就像一個洶湧翻攪的旋渦。回到呼吸和當下，帶我回到了暴風眼。任四周風浪呼嘯，暴風中心依然風平浪靜。

當心中無事，外在發生的事情就沒什麼大不了。事物變遷流轉，沒有什麼是固定不變的，給它點時間，就會看到轉變。你無須強求，只要保持鎮定、平靜以對，就不會被風浪吞沒。暴風不會終朝吹，它終究會減緩，或轉移方向。

菩提閣已接近完工階段，即將落成啓用（編註：菩提閣已於二〇一六年正式啓用）。在這棟建築物的結構和風格中，我看到松年師父的身影。我希望它的設計可以呈現出師父的書法意境：先進、富有時代感，線條單純而簡潔。師父非常留意細節，我也必須試著這樣做。這棟建築結構反映出他的精神和生命高度：強健有力，同時優雅細緻。

師父大概不會反對我因爲重建菩提閣而經歷了這種種波折，他對我的教導是：「所有珍貴的事物，都來之不易。」墨磨需要花時間，投注精神、毅力和專注，要勇於承擔。我想，我永遠都會聽到他對我的斥責，而我衷心希望他會爲我感到欣慰。

# 致謝詞

首先感謝橡樹林出版社再度出版我的第二本著作。本書翻譯自我的英文書籍《*Chan Heart, Chan Mind*》，由我的英文編輯肯尼斯·瓦普納（Kenneth Wapner）和我共同完成。他專程到新加坡、溫哥華、香港和印尼等地，根據我的禪修開示跟我做訪談而編纂出這本書。我要感謝他不辭辛勞，也感謝我的禪修學生們將我的開示整理成聽寫稿。

在編纂《*Chan Heart, Chan Mind*》的同時發生了許多事。我的一隻眼睛因為視網膜剝離而動手術，差點瞎掉，當時也正處於設法完成新加坡菩提閣重建工程的艱鉅時期，因此本書是在一段長期的巨大壓力下所完成的。支持我堅持下去的，是出於對師長們和幫助我的人的感恩，我不想讓他們失望，我希望自己不斷前進。

謹將本書獻給印順導師、仁俊長老，以及我的父親賴克耀，還有所有協助重建菩提閣的人。我也在此向那些在我做視網膜剝離手術時給予我支持的人，以及在手術後復原期照顧我、爲我掛心的人，致上最深的謝意。最後，我要感謝那些協助本書做聽寫稿、編輯和校對的禪修學生們，因爲你們的付出，才有這本書。

滿懷衷心的感激，我將本書獻給所有人！

釋果峻

# 英文版編輯附錄

《禪心禪意》的內容，是依據果峻法師在印尼和北美對禪修學生們所做的開示，再加上我和他的訪談所編輯而成的。這些訪談分別是二〇一三和二〇一四年果峻法師到印尼、加拿大溫哥華和中國大陸帶領禪修時所進行的，我要感謝這幾個地方的禪修團體所提供的協助與熱心款待。還有，一如以往，我要感恩果峻師父樂於成就這本書，以及他的耐心和智慧。

肯尼斯．瓦普納（Kenneth Wapner）
於紐約州伍德斯托克市（Woodstock）

# 橡樹林文化 ❖❖ 衆生系列 ❖❖ 書目

| | | | |
|---|---|---|---|
| JP0001 | 大寶法王傳奇 | 何謹◎著 | 200 元 |
| JP0002X | 當和尚遇到鑽石（增訂版） | 麥可・羅區格西◎著 | 360 元 |
| JP0003X | 尋找上師 | 陳念萱◎著 | 200 元 |
| JP0004 | 祈福 DIY | 蔡春娉◎著 | 250 元 |
| JP0006 | 遇見巴伽活佛 | 溫普林◎著 | 280 元 |
| JP0009 | 當吉他手遇見禪 | 菲利浦・利夫・須藤◎著 | 220 元 |
| JP0010 | 當牛仔褲遇見佛陀 | 蘇密・隆敦◎著 | 250 元 |
| JP0011 | 心念的賽局 | 約瑟夫・帕蘭特◎著 | 250 元 |
| JP0012 | 佛陀的女兒 | 艾美・史密特◎著 | 220 元 |
| JP0013 | 師父笑呵呵 | 麻生佳花◎著 | 220 元 |
| JP0014 | 菜鳥沙彌變高僧 | 盛宗永興◎著 | 220 元 |
| JP0015 | 不要綁架自己 | 雪倫・薩爾茲堡◎著 | 240 元 |
| JP0016 | 佛法帶著走 | 佛朗茲・梅蓋弗◎著 | 220 元 |
| JP0018C | 西藏心瑜伽 | 麥可・羅區格西◎著 | 250 元 |
| JP0019 | 五智喇嘛彌伴傳奇 | 亞歷珊卓・大衛－尼爾◎著 | 280 元 |
| JP0020 | 禪　兩刃相交 | 林谷芳◎著 | 260 元 |
| JP0021 | 正念瑜伽 | 法蘭克・裘德・巴奇歐◎著 | 399 元 |
| JP0022 | 原諒的禪修 | 傑克・康菲爾德◎著 | 250 元 |
| JP0023 | 佛經語言初探 | 竺家寧◎著 | 280 元 |
| JP0024 | 達賴喇嘛禪思 365 | 達賴喇嘛◎著 | 330 元 |
| JP0025 | 佛教一本通 | 蓋瑞・賈許◎著 | 499 元 |
| JP0026 | 星際大戰・佛部曲 | 馬修・波特林◎著 | 250 元 |
| JP0027 | 全然接受這樣的我 | 塔拉・布萊克◎著 | 330 元 |
| JP0028 | 寫給媽媽的佛法書 | 莎拉・娜塔莉◎著 | 300 元 |
| JP0029 | 史上最大佛教護法－阿育王傳 | 德千汪莫◎著 | 230 元 |
| JP0030 | 我想知道什麼是佛法 | 圖丹・卻淮◎著 | 280 元 |
| JP0031 | 優雅的離去 | 蘇希拉・布萊克曼◎著 | 240 元 |
| JP0032 | 另一種關係 | 滿亞法師◎著 | 250 元 |
| JP0033 | 當禪師變成企業主 | 馬可・雷瑟◎著 | 320 元 |
| JP0034 | 智慧 81 | 偉恩・戴爾博士◎著 | 380 元 |
| JP0035 | 覺悟之眼看起落人生 | 金菩提禪師◎著 | 260 元 |
| JP0036 | 貓咪塔羅算自己 | 陳念萱◎著 | 520 元 |
| JP0037 | 聲音的治療力量 | 詹姆斯・唐傑婁◎著 | 280 元 |
| JP0038 | 手術刀與靈魂 | 艾倫・翰彌頓◎著 | 320 元 |
| JP0039 | 作為上師的妻子 | 黛安娜・J・木克坡◎著 | 450 元 |

| | | | |
|---|---|---|---|
| JP0040 | 狐狸與白兔道晚安之處 | 庫特・約斯特勒◎著 | 280 元 |
| JP0041 | 從心靈到細胞的療癒 | 喬思・慧麗・赫克◎著 | 260 元 |
| JP0042 | 27% 的獲利奇蹟 | 蓋瑞・賀許伯格◎著 | 320 元 |
| JP0043 | 你用對專注力了嗎？ | 萊斯・斐米博士◎著 | 280 元 |
| JP0044 | 我心是金佛 | 大行大禪師◎著 | 280 元 |
| JP0045 | 當和尚遇到鑽石 2 | 麥可・羅區格西◎等著 | 280 元 |
| JP0046 | 雪域求法記 | 邢肅芝（洛桑珍珠）◎口述 | 420 元 |
| JP0047 | 你的心是否也住著一隻黑狗？ | 馬修・約翰史東◎著 | 260 元 |
| JP0048 | 西藏禪修書 | 克莉絲蒂・麥娜麗喇嘛◎著 | 300 元 |
| JP0049 | 西藏心瑜伽 2 | 克莉絲蒂・麥娜麗喇嘛◎等著 | 300 元 |
| JP0050 | 創作，是心靈療癒的旅程 | 茱莉亞・卡麥隆◎著 | 350 元 |
| JP0051 | 擁抱黑狗 | 馬修・約翰史東◎著 | 280 元 |
| JP0052 | 還在找藉口嗎？ | 偉恩・戴爾博士◎著 | 320 元 |
| JP0053 | 愛情的吸引力法則 | 艾莉兒・福特◎著 | 280 元 |
| JP0054 | 幸福的雪域宅男 | 原人◎著 | 350 元 |
| JP0055 | 貓馬麻 | 阿義◎著 | 350 元 |
| JP0056 | 看不見的人 | 中沢新一◎著 | 300 元 |
| JP0057 | 内觀瑜伽 | 莎拉・鮑爾斯◎著 | 380 元 |
| JP0058 | 29 個禮物 | 卡蜜・沃克◎著 | 300 元 |
| JP0059 | 花仙療癒占卜卡 | 張元貞◎著 | 799 元 |
| JP0060 | 與靈共存 | 詹姆斯・范普拉◎著 | 300 元 |
| JP0061 | 我的巧克力人生 | 吳佩容◎著 | 300 元 |
| JP0062 | 這樣玩，讓孩子更專注、更靈性 | 蘇珊・凱瑟・葛凌蘭◎著 | 350 元 |
| JP0063 | 達賴喇嘛送給父母的幸福教養書 | 安娜・芭蓓蔻爾・史蒂文・李斯◎著 | 280 元 |
| JP0064 | 我還沒準備說再見 | 布蕾克・諾爾＆帕蜜拉・D・布萊爾◎著 | 380 元 |
| JP0065 | 記憶人人 hold 得住 | 喬許・佛爾◎著 | 360 元 |
| JP0066 | 菩曼仁波切 | 林建成◎著 | 320 元 |
| JP0067 | 下面那裡怎麼了？ | 莉莎・瑞金◎著 | 400 元 |
| JP0068 | 極密聖境・仰桑貝瑪貴 | 邱常梵◎著 | 450 元 |
| JP0069 | 停心 | 釋心道◎著 | 380 元 |
| JP0070 | 聞盡 | 釋心道◎著 | 380 元 |
| JP0071 | 如果你對現況感到倦怠…… | 威廉・懷克羅◎著 | 300 元 |
| JP0072 | 希望之翼：<br>倖存的奇蹟，以及雨林與我的故事 | 茱莉安・柯普科◎著 | 380 元 |
| JP0073 | 我的人生療癒旅程 | 鄧嚴◎著 | 260 元 |
| JP0074 | 因果，怎麼一回事？ | 釋見介◎著 | 240 元 |
| JP0075 | 皮克斯動畫師之紙上動畫《羅摩衍那》 | 桑傑・帕特爾◎著 | 720 元 |
| JP0076 | 寫，就對了！ | 茱莉亞・卡麥隆◎著 | 380 元 |

| | | | |
|---|---|---|---|
| JP0077 | 願力的財富 | 釋心道◎著 | 380 元 |
| JP0078 | 當佛陀走進酒吧 | 羅卓・林茲勒◎著 | 350 元 |
| JP0079 | 人聲，奇蹟的治癒力 | 伊凡・德・布奧恩◎著 | 380 元 |
| JP0080 | 當和尚遇到鑽石 3 | 麥可・羅區格西◎著 | 400 元 |
| JP0081 | AKASH 阿喀許靜心 100 | AKASH 阿喀許◎著 | 400 元 |
| JP0082 | 世上是不是有神仙：生命與疾病的真相 | 樊馨蔓◎著 | 300 元 |
| JP0083 | 生命不僅僅如此—辟穀記（上） | 樊馨蔓◎著 | 320 元 |
| JP0084 | 生命可以如此—辟穀記（下） | 樊馨蔓◎著 | 420 元 |
| JP0085 | 讓情緒自由 | 茱迪斯・歐洛芙◎著 | 420 元 |
| JP0086 | 別癌無恙 | 李九如◎著 | 360 元 |
| JP0087 | 甚麼樣的業力輪迴，造就現在的你 | 芭芭拉・馬丁&狄米崔・莫瑞提斯◎著 | 420 元 |
| JP0088 | 我也有聰明數學腦：15堂課激發被隱藏的競爭力 | 盧采嫻◎著 | 280 元 |
| JP0089 | 與動物朋友心傳心 | 羅西娜・瑪利亞・阿爾克蒂◎著 | 320 元 |
| JP0090 | 法國清新舒壓著色畫 50：繽紛花園 | 伊莎貝爾・熱志－梅納&紀絲蘭・史朵哈&克萊兒・摩荷爾－法帝歐◎著 | 350 元 |
| JP0091 | 法國清新舒壓著色畫 50：療癒曼陀羅 | 伊莎貝爾・熱志－梅納&紀絲蘭・史朵哈&克萊兒・摩荷爾－法帝歐◎著 | 350 元 |
| JP0092 | 風是我的母親 | 熊心、茉莉・拉肯◎著 | 350 元 |
| JP0093 | 法國清新舒壓著色畫 50：幸福懷舊 | 伊莎貝爾・熱志－梅納&紀絲蘭・史朵哈&克萊兒・摩荷爾－法帝歐◎著 | 350 元 |
| JP0094 | 走過倉央嘉措的傳奇：尋訪六世達賴喇嘛的童年和晚年，解開情詩活佛的生死之謎 | 邱常梵◎著 | 450 元 |
| JP0095 | 【當和尚遇到鑽石 4】愛的業力法則：西藏的古老智慧，讓愛情心想事成 | 麥可・羅區格西◎著 | 450 元 |
| JP0096 | 媽媽的公主病：活在母親陰影中的女兒，如何走出自我？ | 凱莉爾・麥克布萊德博士◎著 | 380 元 |
| JP0097 | 法國清新舒壓著色畫 50：璀璨伊斯蘭 | 伊莎貝爾・熱志－梅納&紀絲蘭・史朵哈&克萊兒・摩荷爾－法帝歐◎著 | 350 元 |
| JP0098 | 最美好的都在此刻：53 個創意、幽默、找回微笑生活的正念練習 | 珍・邱禪・貝斯醫生◎著 | 350 元 |
| JP0099 | 愛，從呼吸開始吧！回到當下、讓心輕安的禪修之道 | 釋果峻◎著 | 300 元 |
| JP0100 | 能量曼陀羅：彩繪內在寧靜小宇宙 | 保羅・霍伊斯坦、狄蒂・羅恩◎著 | 380 元 |
| JP0101 | 爸媽何必太正經！幽默溝通，讓孩子正向、積極、有力量 | 南琦◎著 | 300 元 |
| JP0102 | 舍利子，是甚麼？ | 洪宏◎著 | 320 元 |
| JP0103 | 我隨上師轉山：蓮師聖地溯源朝聖 | 邱常梵◎著 | 460 元 |
| JP0104 | 光之手：人體能量場療癒全書 | 芭芭拉・安・布藍能◎著 | 899 元 |

| | | | |
|---|---|---|---|
| JP0105 | 在悲傷中還有光：失去珍愛的人事物，找回重新聯結的希望 | 尾角光美◎著 | 300 元 |
| JP0106 | 法國清新舒壓著色畫 45：海底嘉年華 | 小姐們◎著 | 360 元 |
| JP0108 | 用「自主學習」來翻轉教育！沒有課表、沒有分數的瑟谷學校 | 丹尼爾・格林伯格◎著 | 300 元 |
| JP0109 | Soppy 愛賴在一起 | 菲莉帕・賴斯◎著 | 300 元 |
| JP0110 | 我嫁到不丹的幸福生活：一段愛與冒險的故事 | 琳達・黎明◎著 | 350 元 |
| JP0111 | TTouch® 神奇的毛小孩按摩術——狗狗篇 | 琳達・泰林頓瓊斯博士◎著 | 320 元 |
| JP0112 | 戀瑜伽・愛素食：覺醒，從愛與不傷害開始 | 莎朗・嘉儂◎著 | 320 元 |
| JP0113 | TTouch® 神奇的毛小孩按摩術——貓貓篇 | 琳達・泰林頓瓊斯博士◎著 | 320 元 |
| JP0114 | 給禪修者與久坐者的痠痛舒緩瑜伽 | 琴恩・厄爾邦◎著 | 380 元 |
| JP0115 | 純植物・全食物：超過百道零壓力蔬食食譜，找回美好食物真滋味，心情、氣色閃亮亮 | 安潔拉・立頓◎著 | 680 元 |
| JP0116 | 一碗粥的修行：從禪宗的飲食精神，體悟生命智慧的豐盛美好 | 吉村昇洋◎著 | 300 元 |
| JP0117 | 綻放如花——巴哈花精靈性成長的教導 | 史岱方・波爾◎著 | 380 元 |
| JP0118 | 貓星人的華麗狂想 | 馬喬・莎娜◎著 | 350 元 |
| JP0119 | 直面生死的告白——一位曹洞宗禪師的出家緣由與說法 | 南直哉◎著 | 350 元 |
| JP0120 | OPEN MIND！房樹人繪畫心理學 | 一沙◎著 | 300 元 |
| JP0121 | 不安的智慧 | 艾倫・W・沃茨◎著 | 280 元 |
| JP0122 | 寫給媽媽的佛法書：不煩不憂照顧好自己與孩子 | 莎拉・娜塔莉◎著 | 320 元 |
| JP0123 | 當和尚遇到鑽石 5：修行者的祕密花園 | 麥可・羅區格西◎著 | 320 元 |
| JP0124 | 貓熊好療癒：這些年我們一起追的圓仔 ~~ 頭號「圓粉」私密日記大公開！ | 周咪咪◎著 | 340 元 |
| JP0125 | 用血清素與眼淚消解壓力 | 有田秀穗◎著 | 300 元 |
| JP0126 | 當勵志不再有效 | 金木水◎著 | 320 元 |
| JP0127 | 特殊兒童瑜伽 | 索妮亞・蘇瑪◎著 | 380 元 |
| JP0128 | 108 大拜式 | JOYCE（翁憶珍）◎著 | 380 元 |
| JP0129 | 修道士與商人的傳奇故事：經商中的每件事都是神聖之事 | 特里・費爾伯◎著 | 320 元 |
| JP0130 | 靈氣實用手位法——西式靈氣系統創始者林忠次郎的療癒技術 | 林忠次郎、山口忠夫、法蘭克・阿加伐・彼得◎著 | 450 元 |
| JP0131 | 你所不知道的養生迷思——治其病要先明其因，破解那些你還在信以為真的健康偏見！ | 曾培傑、陳創濤◎著 | 450 元 |
| JP0132 | 貓僧人：有什麼好煩惱的喵～ | 御誕生寺（ごたんじょうじ）◎著 | 320 元 |
| JP0133 | 昆達里尼瑜伽——永恆的力量之流 | 莎克蒂・帕瓦・考爾・卡爾薩◎著 | 599 元 |

| | | | |
|---|---|---|---|
| P0134 | 尋找第二佛陀・良美大師——<br>探訪西藏象雄文化之旅 | 寧艷娟◎著 | 450 元 |
| P0135 | 聲音的治療力量：<br>修復身心健康的咒語、唱誦與種子音 | 詹姆斯・唐傑婁◎著 | 300 元 |
| P0136 | 一大事因緣：韓國頂峰無無禪師的不二慈悲<br>與智慧開示（特別收錄禪師台灣行腳對談） | 頂峰無無禪師、<br>天真法師、玄玄法師◎著 | 380 元 |
| P0137 | 運勢決定人生——執業 50 年、見識上萬客戶<br>資深律師告訴你翻轉命運的智慧心法 | 西中　務◎著 | 350 元 |
| P0138 | 心靈花園：祝福、療癒、能量——<br>七十二幅滋養靈性的神聖藝術 | 費絲・諾頓◎著 | 450 元 |
| P0139 | 我還記得前世 | 凱西・伯德◎著 | 360 元 |
| P0140 | 我走過一趟地獄 | 山姆・博秋茲◎著<br>貝瑪・南卓・泰耶◎繪 | 699 元 |
| P0141 | 寇斯的修行故事 | 莉迪・布格◎著 | 300 元 |
| P0142 | 全然接受這樣的我：<br>18 個放下憂慮的禪修練習 | 塔拉・布萊克◎著 | 360 元 |
| P0143 | 如果用心去愛，必然經歷悲傷 | 喬安・凱恰托蕊◎著 | 380 元 |
| P0144 | 媽媽的公主病：<br>活在母親陰影中的女兒，如何走出自我？ | 凱莉爾・麥克布萊德博士◎著 | 380 元 |
| P0145 | 創作，是心靈療癒的旅程 | 茱莉亞・卡麥隆◎著 | 380 元 |
| P0146 | 一行禪師　與孩子一起做的正念練習：<br>灌溉生命的智慧種子 | 一行禪師◎著 | 450 元 |
| P0147 | 達賴喇嘛的御醫，告訴你治病在心的<br>藏醫學智慧 | 益西・東登◎著 | 380 元 |
| P0148 | 39 本戶口名簿：從「命運」到「運命」，<br>用生命彩筆畫出不凡人生 | 謝秀英◎著 | 320 元 |

## 橡樹林文化 ❖❖ 成就者傳紀系列 ❖❖ 書目

| | | | |
|---|---|---|---|
| JS0001 | 惹瓊巴傳 | 堪千創古仁波切◎著 | 260 元 |
| JS0002 | 曼達拉娃佛母傳 | 喇嘛卻南、桑傑．康卓◎英譯 | 350 元 |
| JS0003 | 伊喜．措嘉佛母傳 | 嘉華．蔣秋、南開．寧波◎伏藏書錄 | 400 元 |
| JS0004 | 無畏金剛智光：怙主敦珠仁波切的生平與傳奇 | 堪布才旺．董嘉仁波切◎著 | 400 元 |
| JS0005 | 珍稀寶庫——薩迦總巴創派宗師貢嘎南嘉傳 | 嘉敦．強秋旺嘉◎著 | 350 元 |
| JS0006 | 帝洛巴傳 | 堪千創古仁波切◎著 | 260 元 |
| JS0007 | 南懷瑾的最後 100 天 | 王國平◎著 | 380 元 |
| JS0008 | 偉大的不丹傳奇．五大伏藏王之一<br>貝瑪林巴之生平與伏藏教法 | 貝瑪林巴◎取藏 | 450 元 |
| JS0009 | 噶舉三祖師：馬爾巴傳 | 堪千創古仁波切◎著 | 300 元 |
| JS0010 | 噶舉三祖師：密勒日巴傳 | 堪千創古仁波切◎著 | 280 元 |
| JS0011 | 噶舉三祖師：岡波巴傳 | 堪千創古仁波切◎著 | 280 元 |
| JS0012 | 法界遍智全知法王——龍欽巴傳 | 蔣巴．麥堪哲．史都爾◎著 | 380 元 |
| JS0013 | 藏傳佛法最受歡迎的聖者——<br>瘋聖竹巴袞列傳奇生平與道歌 | 格西札浦根敦仁欽◎藏文彙編 | 380 元 |

## 橡樹林文化 ❖❖ 蓮師文集系列 ❖❖ 書目

| | | | |
|---|---|---|---|
| JA0001 | 空行法教 | 伊喜．措嘉佛母輯錄付藏 | 260 元 |
| JA0002 | 蓮師傳 | 伊喜．措嘉記錄撰寫 | 380 元 |
| JA0003 | 蓮師心要建言 | 艾瑞克．貝瑪．昆桑◎藏譯英 | 350 元 |
| JA0004 | 白蓮花 | 蔣貢米龐仁波切◎著 | 260 元 |
| JA0005 | 松嶺寶藏 | 蓮花生大士◎著 | 330 元 |
| JA0006 | 自然解脫 | 蓮花生大士◎著 | 400 元 |
| JA0007/8 | 智慧之光 1/2 | 根本文◎蓮花生大士／釋論◎蔣貢．康楚 | 799 元 |
| JA0009 | 障礙遍除：蓮師心要修持 | 蓮花生大士◎著 | 450 元 |

眾生系列　JP0149

# 禪心禪意：不是有、亦非無；沒有界限，只有放鬆與覺知……

Chan Heart, Chan Mind: A Meditation on Serenity and Growth

作　　者／釋果峻
譯　　者／沈麗文
責任編輯／游璧如
業　　務／顏宏紋

總 編 輯／張嘉芳
出　　版／橡樹林文化
城邦文化事業股份有限公司
104 台北市民生東路二段 141 號 5 樓
電話：(02)2500-7696　傳真：(02)2500-1951
發　　行／英屬蓋曼群島商家庭傳媒股份有限公司城邦分公司
104 台北市中山區民生東路二段 141 號 2 樓
客服服務專線：(02)25007718；25001991
24 小時傳眞專線：(02)25001990；25001991
服務時間：週一至週五上午 09:30 ～ 12:00；下午 13:30 ～ 17:00
劃撥帳號：19863813　戶名：書虫股份有限公司
讀者服務信箱：service@readingclub.com.tw
香港發行所／城邦（香港）出版集團有限公司
香港灣仔駱克道 193 號東超商業中心 1 樓
電話：(852)25086231　傳眞：(852)25789337
Email: hkcite@biznetvigator.com
馬新發行所／城邦（馬新）出版集團【Cité (M) Sdn.Bhd. (458372 U)】
41, Jalan Radin Anum, Bandar Baru Sri Petaling,
57000 Kuala Lumpur, Malaysia.
電話：(603) 90578822　傳眞：(603) 90576622
Email：cite@cite.com.my

內頁排版／歐陽碧智
封面設計／兩棵酸梅
印　　刷／韋懋實業有限公司

初版一刷／ 2018 年 11 月
ISBN ／ 978-986-5613-86-0
定價／ 300 元

城邦讀書花園
www.cite.com.tw



國家圖書館出版品預行編目（CIP）資料

禪心禪意：不是有、亦非無；沒有界限，只有放鬆與覺知……／釋果峻法師作；沈麗文翻譯．-- 初版．-- 臺北市：橡樹林文化，城邦文化出版：家庭傳媒城邦分公司發行，2018.11
面；　公分．--（眾生；JP0149）
ISBN 978-986-5613-86-0（平裝）

1. 禪宗　2. 佛教修持

226.65　　107018567

廣告回函
北區郵政管理局登記證
北台字第10158號
郵資已付　免貼郵票

104 台北市中山區民生東路二段 141 號 5 樓

城邦文化事業股份有限公司
橡樹林出版事業部　收

請沿虛線剪下對折裝訂寄回，謝謝！

|橡|樹|林|

書名：禪心禪意　書號：JP0149

橡樹林文化

# 讀者回函卡

感謝您對橡樹林出版社之支持，請將您的建議提供給我們參考與改進；請別忘了給我們一些鼓勵，我們會更加努力，出版好書與您結緣。

姓名：__________ □女 □男 生日：西元__________年

Email：__________

● 您從何處知道此書？

□書店 □書訊 □書評 □報紙 □廣播 □網路 □廣告 DM

□親友介紹 □橡樹林電子報 □其他__________

● 您以何種方式購買本書？

□誠品書店 □誠品網路書店 □金石堂書店 □金石堂網路書店

□博客來網路書店 □其他__________

● 您希望我們未來出版哪一種主題的書？（可複選）

□佛法生活應用 □教理 □實修法門介紹 □大師開示 □大師傳記

□佛教圖解百科 □其他__________

● 您對本書的建議：

__________

__________

__________

非常感謝您提供基本資料，基於行銷及客戶管理或其他合於營業登記項目或章程所定業務需要之目的，家庭傳媒集團（即英屬蓋曼群商家庭傳媒股分有限公司城邦分公司、城邦文化事業股分有限公司、書虫股分有限公司、墨刻出版股分有限公司、城邦原創股分有限公司）於本集團之營運期間及地區內，將不定期以 MAIL 訊息發送方式，利用您的個人資料於提供讀者產品相關之消費與活動訊息，如您有依照個資法第三條或其他需服務之務，得致電本公司客服。

我已經完全了解左述內容，並同意本人資料依上述範圍內使用。

__________（簽名）

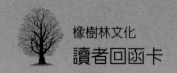